프로그램 성과평가

사회복지 전문출판 나눔의집

프로그램 성과평가

Martin & Kettner 지음
정무성 옮김

사회복지
상담출판 나눔의 집

Measuring the Performance of Human Service Programs
by Lawrence L. Martin & Peter M. Kettner

Copyright © 1997 by Lawrence L. Martin & Peter M. Kettner
Korean translation edition published by arrangement with
SAGE Publication Inc. and Shin Won Agency Co.

Translation copyright © 2000 by The House of Sharing Press

이 책의 한국어판 저작권은 신원에이전시를 통해 저작권사와의 독점계약으로
한국어 판권을 나눔의집이 소유합니다. 저작권법에 따라 한국에서 보호를
받는 저작물이므로 무단전재와 무단복제를 금합니다.

옮긴이 서문

최근 정부는 현행 항목별 예산제도를 단계적으로 성과주의 예산체제로 바꾸어 나가기로 결정하였다. 성과주의 예산체제는 엄밀한 성과목표 달성 평가를 통해 예산을 배분하는 방식으로, 이미 일부 선진국가에서 정부의 효율성 증진을 위해 실행하고 있는 방식이다.

기존의 항목별 예산은 소위 투입중심의 예산제도로서 항목별로 책정된 예산이 당초 용도대로 집행되었는가에만 초점을 맞춘다. 따라서 그동안 공공부문에서는 예산수립 시 우선 많은 예산을 확보해 놓고 보자는 식의 예산편성이 관행처럼 되어 왔고, 연말에 가서는 당해 예산배정액 중 남은 돈을 불필요한 곳에 몰아 쓰는 등 재정지출의 낭비와 비효율적인 행태를 보여왔다. 이와 같이 항목별 예산제도는 통제 위주로 운영되기 때문에 예산의 효과분석이 어렵고, 사업에 대한 평가 없이 일률적인 예산증액이 이루어지기 때문에 낭비요인이 발생할 수 있는 소지가 많다.

이와는 달리 성과주의 예산제도는 예산집행의 결과 어떠한 산출물을 생산했고, 어떤 성과를 냈는가를 측정해 이를 기초로 다음해 예산에 차별을 두는 결과중심의 예산체계이다. 이 제도가 시행되면 각 부서는 사업목표 및 계획에 따른 예산을 편성한 뒤 사업시행 결과의 평가를 통해 예산을 배분

받게 된다. 각 부처들이 성과를 고려해 예산을 합리적으로 요구할 뿐만 아니라 차년도 예산편성에 연계된 책임 있는 예산집행도 기대할 수 있다. 나아가서 목표를 달성했느냐에 대한 성과는 인사 및 보수책정의 기준으로도 활용하는 것이 일반적인 관례이다.

공공부문에서 성과주의 예산제도를 도입하는 것은 세계적인 추세이다. 미국의 경우 80년대 후반 이후 '정부성과관리법'을 제정하여 성과주의 예산제를 도입했는데, 이는 곧 바로 비영리조직의 예산체계에도 영향을 미쳐 1993년 미국 연방정부는 정부보조금을 받는 모든 프로그램에 성과에 대한 기준을 제시하도록 요구하였다. 따라서 정부의 예산편성 방식의 전환 방침은 곧 이어 사회복지시설을 포함한 정부 보조를 받는 모든 비영리조직의 예산편성에도 영향을 미칠 것으로 여겨진다. 성과주의에 대비해 책임성 있는 행정을 구현하기 위해서는 각 개인이나 단위 부서가 구체화된 목표의 달성에 책임을 지도록 구조화할 필요가 있다. 여기서의 강조는 측정 가능한 목표의 구체성이다. 따라서 비영리조직의 행정가들이 성과주의의 도전에 적절히 대응하기 위해서는 프로그램의 기획과 분석에 필요한 능력을 개발하여야 한다. 특히 의미 있는 목표(meaningful goals)를 개발하고, 측정 가능한 세부목표(measurable objectives)를 규명하는 능력을 지녀야 한다. 나아가서 비용과 산출과의 관계에 있어 프로그램의 상대적 효율성을 분석할 수 있어야 한다.

그러나 사회복지기관에서는 성과에 대한 측정과 서로 이해관계가 다른 관련자들(예: 이사, 정부, 전문가, 지역사회주민, 후원자 등)을 모두 만족시키는 일이 쉽지 않을 수 있다. 사회복지기관의 성과는 가시적이고 수량적으로 측정하는 것이 어려운 경우도 많다. 경제성, 효율성, 효과성을 모두 달성해 놓고도 그것을 측정하기 어려울 때도 있다. 그러므로 비영리조직에서는 성과에 대한 정확한 이해와 그에 대한 평가를 항상 염두에 둘 필요가 있다. 프로그램 성과평가에 명확한 이해는 조직의 불확실성의 감소, 합리적 기술 제공, 외부의 정당성 확보, 광범위한 참여 촉진 등을 유도할 수 있다.

이 책은 이러한 사회변화의 추세를 반영하여 비영리조직의 실무자들과 책임자들로 하여금 서비스의 성과에 대한 이해와 그 성과를 측정하는 기술을 제공하고자 쓰여졌다. 기관에서 제공하는 프로그램을 투입, 전환, 산출, 결과 등을 거치는 일련의 과정으로 보고, 특히 품질이 보장된 결과를 측정하는 법을 강조하고 있다. 성과평가의 가장 핵심적인 요소는 담당 실무자들의 명확한 목표의식이다. 사회문제가 복잡해짐에 따라 비영리조직들은 문제의 다양한 원인들을 가정하고 철저한 개입전략을 수립할 필요가 있다. 이러한 계획과정은 사업 계획을 공개하고, 사업의 목표와 수단을 공표 하여 사회적 인정과 합의를 도출하는데 많은 사람들을 참여시킬 수 있다. 나아가서 사회적으로 인정받는 목표를 달성하였다는 것을 성과측정을 통해 제시할 수 있다면 정부나 지역사회로부터 정당성의 확보와 함께 더 많은 재원의 확보도 가능하게 될 것이다.

지난 해 [프로그램 기획과 관리]라는 책을 번역 출판하고 난 후 서둘러 성과평가에 관한 책을 출판해야겠다고 생각했다. 그러나 용어의 적절한 선정이나 번역의 완벽함을 기하기 위해 많은 고민을 하다가 이제야 [프로그램 기획과 관리]의 후속편인 성과평가에 관한 책을 번역 출판하게 되었다. [프로그램 기획과 관리] 책에 대해 많은 분들이 성원을 보내주었는데, 이 책 또한 그에 못지 않은 유익한 책이라고 확신한다. 학계나 실무에서 프로그램의 성과평가와 관련하여 기술이 축적되는 기회가 되었으면 한다.

이 책을 번역하는 과정에서 많은 분들이 도움을 주었다. 특히 세심한 부분까지 교정과 보완을 해준 나눔의집 출판사 정유진 편집장님과 유보열 사

장님의 변함없는 격려와 배려에도 깊은 감사를 드린다. 계절의 변화를 전혀
느끼지 못 할 만큼 열심히 했으나 여전히 부족한 점이 발견되는 것은 역자
의 한계가 아닐 수 없다. 앞으로도 소외된 사람들의 삶의 질을 개선하기 위
한 행정기술의 개발에 더욱 노력할 것을 다짐하면서 주위의 모든 분들에게
감사를 드린다.

2000년 10월

정 무 성

차례

제 1 장

성과측정 : 새로운 책임

휴먼서비스 프로그램(human service program)은 앞으로 크게 두 가지 이슈에 봉착하는 특징을 보일 것으로 예상된다. 하나는 자원의 부족이고, 다른 하나는 서비스에 대한 신뢰 부족이다. 미국 연방정부 예산이 심각하게 부족하고 이에 더하여 보수적인 의회가 출현함으로써, 많은 휴먼서비스 프로그램들은 새로운 연방 예산에서 제외되고 있다(Connor, 1991). 여러 휴먼서비스 프로그램에 지급되던 자원이 보조금으로 변형되거나, 모금이 감소되고, 주 자금으로 인계되는 것을 발견할 수 있다. 그러나 각 주의 능력이 연방 자금의 삭감을 만회할 수 있을지는 의심스럽다. 최근의 조사에 따르면 48개 주 가운데 47개가 축소된 관리 형태로 운영하고 있음을 알 수 있다(Drucker & Robinson, 1993).

연방과 주의 자원 부족은 정부의 휴먼서비스 프로그램 뿐만 아니라 민간 비영리기관의 프로그램에서도 감지되고 있다. 정부 프로그램은 운영의 대부분을 연방과 주 정부 예산에 의존하기 때문에 직접적으로 영향을 받는다. 민간 비영리기관과 영리기관은 서비스 계약에서 발생하는 수입에 대부분

[표 1.1] 휴먼서비스 프로그램의 이해관계자들

- 클라이언트
- 시민
- 선출 공무원
- 옹호 집단
- 정부자금기관
- 재단
- 이사회
- 기관 행정가
- 회계사와 회계 감사원
- 기타

의존하기 때문에 정부 프로그램과 비교할 때 간접적으로 영향을 받는다 (Kettner & Martin, 1994; Karamer, 1994). 그러나 휴먼서비스 프로그램에 대한 정부 예산이 삭감될 때, 서비스 계약에 따른 수익도 또한 감소할 것이다.

휴먼서비스 프로그램은 신뢰의 위기도 경험하고 있다. 의회와 행정부는 많은 휴먼서비스 프로그램을 면밀히 지켜보고 있다. 캘리포니아와 뉴욕을 비롯하여 몇몇 거대 주에서는 유사한 성명을 내 놓았다. 현재 휴먼서비스 프로그램을 이렇듯 세밀하게 주시하는 것은, 프로그램 자체의 본질적이거나 도덕적인 가치를 거부하기보다는 프로그램 성과에 대한 일반적인 불만족에 기인한다고 볼 수 있다.

휴먼서비스 프로그램에 대한 이와 같은 관심은 새로운 현상이 아니다. 역사적으로 정부는 재정 상태가 좋지 않고 예산이 부족한 기간 동안에는 프로그램 성과와 책임성을 강조해 왔다. 이는 단지 휴먼서비스 프로그램 뿐만 아니라 공공의 세금으로 재정 지원을 받는 모든 프로그램에 대해서도 마찬가지였다(Netting, Kettner & McMurtry, 1993).

오늘날 휴먼서비스 프로그램이 직면한 주요 과업은 프로그램의 효과성을 관계자들에게 증명하는 것이다. [표 1.1]에 나타나 있는 것처럼 이해관계자(stakeholder)에는 클라이언트, 선출 공무원, 옹호집단, 정부자금기관, 재단, 이사회, 기관 행정가, 회계사와 회계감사, 이 외에도 특별한 휴먼서비스 프로그램에 관심을 가지고 있거나 영향을 받는 집단들을 광범위하게 포함한다.

휴먼서비스 프로그램이 계산하거나 수치화 하기 어려운 서비스이고, 성과 내역과 측정이 불가능한 복잡하고 광대한 사회 문제를 다루고 있다는 논쟁은 이미 설득력을 잃고 있다. Carter(1983)는 이미 오래 전에 이러한 논쟁을 프로그램의 관계자들이 받아들이지 않고 있다고 지적했다. Carter의 지적이 옳다면, 오늘날 스스로 발견할 수 있는 휴먼서비스 프로그램의 위치는, 부분적으로는 1980년대에 효과성 입증에 실패한 데에 그 연유를 찾을 수 있을 것이다. 휴먼서비스 프로그램이 효과성을 입증하고 관계자들의 지지를 다시 얻기 위한 핵심은 바로 성과의 책임성과 성과측정 도구에 달려 있다.

1. 성과측정은 무엇인가?

성과측정은 휴먼서비스 프로그램의 효율성과 품질, 그리고 효과성에 대한 정보를 일정한 규칙에 따라 모아 보고하는 것이다(Urban Institute, 1980). 위탁보호 프로그램을 예로 들어 보자. 여기서 성과측정은 위탁보호

프로그램이 제공한 서비스의 양, 서비스의 질, 프로그램 결과와 영향, 화폐
단위(달러)나 직원(인력)으로 측정되는 비용 등 이러한 정보들을 규칙에 따
라 모아 보고하는 것이다.

성과측정은 단지 프로그램 책임성에 대한 여러 훌륭한 접근방법 중 하나
일 뿐이다. 이외에도 과정에 대한 책임성, 재정 책임, 법적 책임, 서비스 전
달 책임 등 다양한 접근방법들이 있다(Rossi & Freeman, 1993). 이렇게
다양한 접근방법들 중에서 성과측정이 휴먼서비스 프로그램에서 중요시되
고 차별화 되는 이유는 연방, 주, 지방의 정부 기관에서 이를 선호하기 때문
이다. 이는 성과측정의 포괄적인 특징 때문이다. 성과측정은 프로그램 책임
성을 설명하는 세 가지 주요 관점들을 포함하고 있다.

① 효율성 관점
② 품질 관점
③ 효과성 관점

이렇듯 성과측정의 다중 요소적인 특징은 책임성의 본질에 대해 다른 견
해를 갖고 있는 여러 관계자들이 휴먼서비스 프로그램에 대한 성과 정보를
다양한 관점에서 볼 수 있게 한다. 성과측정은 이 세 가지 관점에 대해 위
계순위를 정하거나 또는 어떤 것을 특히 선호하지는 않는다. 오히려 세 가
지 관점 모두가 최소한 어떤 관계자에게는 중요하다는 가정아래 진행된다.

성과측정과 시스템 모델

성과와 성과측정을 논의하기 위해 시스템 모델을 살펴보는 것이 유용하

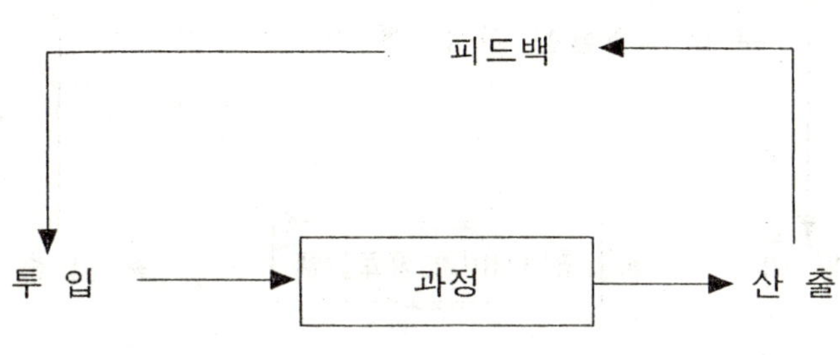

다. 시스템 모델은 휴먼서비스 프로그램이 어떻게 운영되고 있는지를 이해하는데 오랫동안 활용되어 왔다(Ables & Murphy, 1981; Kettner, Moroney, & Martin, 1990; Rosenberg & Brody, 1974). [그림 1.1]에 나타나 있는 것처럼 시스템 모델의 핵심 요소는 투입, 과정, 산출, 피드백이다.

- 투입(Input)은 목적을 달성하기 위해 하나의 시스템(또는 하나의 휴먼서비스 프로그램)이 활용한 어떤 것을 말한다. 보다 구체적으로 설명하자면, 투입은 휴먼서비스 프로그램을 이루고 있는 자원들과 가공되지 않은 상태의 물질들(즉 기금, 직원, 시설, 장비, 클라이언트, 현재의 문제들)로 생각할 수 있다(Kettner et al., 1990).
- 과정(Process)은 실제적인 치료나 서비스 전달(휴먼서비스 프로그램)로 구성된다. 이는 투입이 소비되고 산출로 변형되는 동안에 이루어진다(Churchman, 1968).

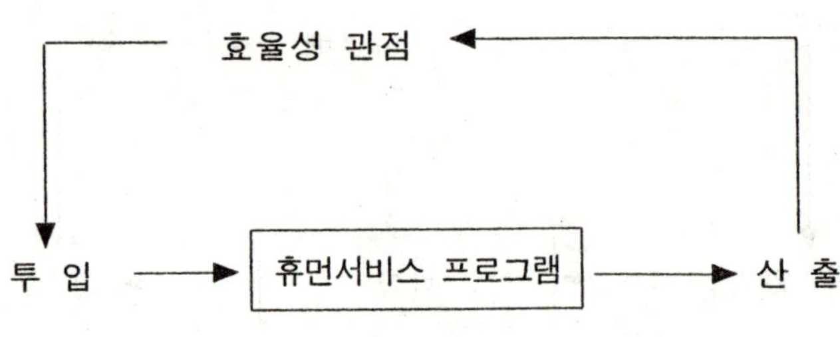

- 산출(Output)은 하나의 시스템, 또는 휴먼서비스 프로그램이 생산한 어떤 것을 말한다(Swiss, 1991).
- 피드백(Feedback)은 하나의 시스템 또는 휴먼서비스 프로그램의 성과에 관한 정보이다. 이것은 하나의 투입이 되어 시스템에 다시 삽입된다.

이러한 투입, 산출, 피드백과 같은 체계 요소들은 책임의 세 가지 관점, 즉 효율성, 품질, 효과성을 설명하는데 활용된다.

효율성 관점

성과측정은 효율성의 책임을 포함한다. 이러한 관점에서 볼 때([그림 1.2] 참조), 휴먼서비스 프로그램의 주요한 성과측정은 투입과 산출의 비교이다. 효율성 관점에서 휴먼서비스 프로그램을 본다면, 제공된 서비스의 양과 프로그램을 완료한 클라이언트의 수를 사정하고(산출), 이러한 성과를 관련된 비용(투입)과 대비한다.

투입 대 산출의 비율은 생산성을 설명하는 고전적인 정의이다(Brinkerhiff & Dressler, 1990). 따라서 피드백은 [그림 1.2]에 나타난 바와 같이 산출을 따라 그것을 보고하는 형태를 취한다. 효율성 관점에서 볼 때 책임성 있는 휴먼서비스 프로그램은 투입과 관련된 산출을 최대화하려는 데 있다.

책임성에 대한 효율적인 접근방법은 휴먼서비스 프로그램에서 결코 자주 사용된 방법은 아니다(Pruger & Miller, 1991). 효율성은 자주 휴먼서비스 프로그램의 기금 삭감을 위한 합리적인 이유로 사용되어 왔다―어떤 경우에는 휴먼서비스 프로그램의 적법성에 대한 아주 확실한 공격수단으로 사용되기도 했다(Knapp, 1991). 많은 휴먼서비스 행정가들은 효율성 책임에 대한 잘못된 관점을 갖고 너무 자주 단지 목표를 바꾸는 것만으로 결론을 맺는다. '당신은 잘못된 일을 매우 효율적으로 할 수 있다'라는 문구는 자주 언급되는 비판이다. 이와는 대조적으로 어떤 관계자들(시민, 유권자, 선출 공무원, 몇몇 재단)은 모든 휴먼서비스 프로그램에서 단지 10%에 해당되는 돈만이 '진정으로 도움을 필요로 하는 사람들'에게 실제로 쓰여지고 있다고 인식한다. 그 나머지는 프로그램의 비효율적인 측면 때문에 손실된다고 믿는다(Swiss, 1991, p.14).

이처럼 과거에 효율성에 대한 비판에도 불구하고, 1990년대 이후부터 왜 효율성이 휴먼서비스 프로그램의 책임성에 주요한 초점이 되고 있는지 몇 가지 정당한 이유가 있다. 첫째, 공공 서비스를 관리하는 책임자들은 적격인 클라이언트에게 최고로 유용하고 알맞은 서비스를 제공하고 있음을 가장 확실하게 증명할 수 있는 프로그램에 자금을 지원하고자 한다. 둘째, 유료 개별수가제 서비스나 관리 보호 프로그램(managed care program)은 대부분 효율성이나 생산성을 운영의 기본적인 가정으로 고려한다. 마지막으로, 휴먼서비스 프로그램이 납세자와 기부자들의 기여를 낭비하고 있을 뿐이라고 생각하는 일부 서비스 관계자들에게 맞설 수 있는 길은 바로 효율성과 생산성을 보다 강조하는 것이다.

품질 관점

서비스의 품질 관점에서 책임성을 언급하는 것은 효율성의 관점과는 다르다. 서비스의 품질에 대한 책임성은 총체적 품질 관리(TQM; Total Quality Management) 운동의 필수적인 요소이다. 1980년대 전반에 걸쳐 발간된 품질 관리에 대한 주요 저서들—Crosby(1980, 1985), Deming(1986), Feigenbaum(1983), Juran(1988, 1989)—은 미국에서 관리에 대한 사고와 실천에 주요한 영향을 미쳤다. 휴먼서비스로 분류되는 정부 프로그램은 현재 종종 서비스 품질을 사정하는 것과 벤치마킹, 또는 공공 기관과 민간 기관에서 운영하는 다른 프로그램들과 정부 프로그램의 결과를 비교하는 것 등을 요구받는다(Spendolini, 1992). 일반적으로 정부 프로그램은 이러한 벤치마킹 과정에 잘 편승하지 못했다. 한 최근 조사에 따르면, 정부 서비스는 품질 관점에서 은행, 항공사, 자동차 정비 센터보다 못한 가장 낮은 등급을 받았다(Swiss, 1991).

TQM 운동은 생산성에 대한 고전적인 정의를 개정하면서 여기에 품질 관점을 포함시켰다. TQM 이론에 따르면, 프로그램이 높은 품질의 서비스를 제공할 때 생산성이 증가하고, 저질의 서비스가 제공될 때 생산성 또한 감소한다. 휴먼서비스 프로그램에서 생산성에 대한 이러한 확장된 정의가 함축하는 것은, 질 높은 서비스는 결과적으로 낮은 실패율, 적은 양의 문서

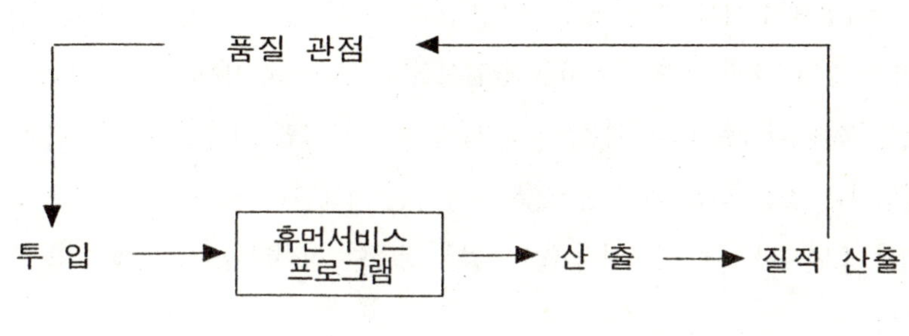

작업, 단축된 시간, 만족스러운 자금, 만족하는 클라이언트, 비용 절감, 좋은 공공 이미지를 도출할 수 있다는 것이다. 이렇듯 품질 책임과 효율성 책임 사이에는 단순 연계 이상의 강력한 상관관계가 존재함을 알 수 있다.

TQM은 투입 대 산출의 비율로 단순화한 생산성의 오랜 개념을 뛰어넘는다. [그림 1.3]에서 보여주듯이 TQM은 성과에 대한 가장 우선적인 측정으로서 시스템 모델을 품질에 초점을 두는 것에까지 확장한다. 또한 생산성에 대해서는 '특별한 품질 기준을 충족하는 산출' 대 투입으로 그 개념을 변화시킨다(Martin, 1993)—예를 들어, 가정 음식배달 프로그램에서 음식이 식지 않고 도착한 비율이나, 특별히 마련된 우송 프로그램에서 정확하게 제 시간에 맞추어 탑승한 승객의 비율 등을 들 수 있다.

휴먼서비스 프로그램 성과에서 피드백은 필수적으로 품질 관점에 대해 보고하고 그것을 따르는 형태를 취한다([그림 1.3] 참조). 품질 차원에서 보다 책임감 있는 휴먼서비스 프로그램은 투입 대 질적인 산출의 비율을 최대화하기 위해 노력하는 것이다.

효과성 관점

효과성 관점에서 성과측정은 휴먼서비스 프로그램 성과의 다양한 초점들(예를 들어, 결과, 영향, 성취)을 통합시킨다(Epstein, 1992). 입양 프로그램을 통해 입양된 많은 아동, 부모기술훈련 프로그램 결과로 아이를 학대·방임하는 것을 멈춘 많은 부모들, 집중적인 사례관리 프로그램 결과로 더 이상 소년재판소에 회부되지 않는 많은 청소년 범죄자들을 그 예로 들 수 있다.

효과성은 휴먼서비스 프로그램의 성과 책임에서 가장 최상의 형태로 꾸준히 발전되어 왔다(Patti, 1987; Pruger & Miller, 1991). 효과성에서 고려해야 할 점 역시 생산성에 대한 또 다른 정의를 추가한다(Brinkerhoff & Dressler, 1990).

전통적인 프로그램 측정과 달리 성과측정은 결과, 성취, 영향에 대한 일회적인 사정과는 거리가 멀다. 대신 휴먼서비스 프로그램은 그것을 실행하는 사회적인 장(setting)과 결코 분리될 수 없다는 사고를 포함한다(Cronbach, 1982). 결론적으로 성과측정은 과학적으로 방어할 수 있는 원인과 결과간 관계를 나타내기 위한 시도와는 관계가 적은 반면(Rocheleau, 1988), 어떤 형태의 휴먼서비스 프로그램이 어떤 성과를 달성하는 지와 같은, 보다 기본적인 실천적 문제들과 더 관련이 있다(Wholey & Hatry, 1992). 성과측정은 프로그램의 실행 기간 중 뿐만 아니라 실행 후에도 효과성을 측정하여 판단하도록 함으로써 평가에 대한 총괄적(summative) 접근과 형성적(formative) 접근 양자를 포괄한다.

책임성에 대한 효과성 관점에서 시스템 모델은 다시 확장된다. [그림 1.4]에 나타나 있는 것처럼 효과성 책임은 투입 대 결과 비율과 관계가 있다.

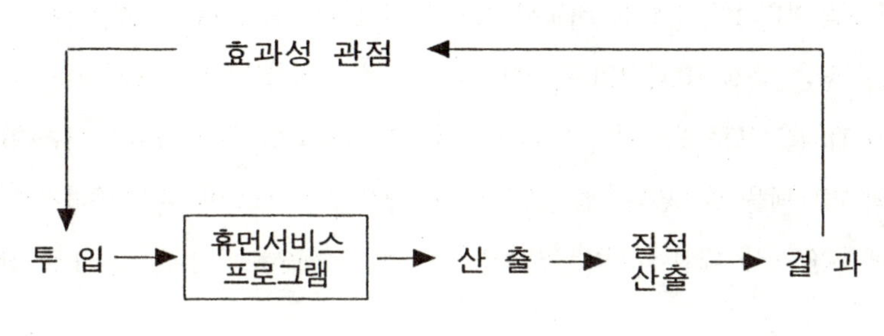

[그림 1.5] 확장된 시스템 모델과 성과측정

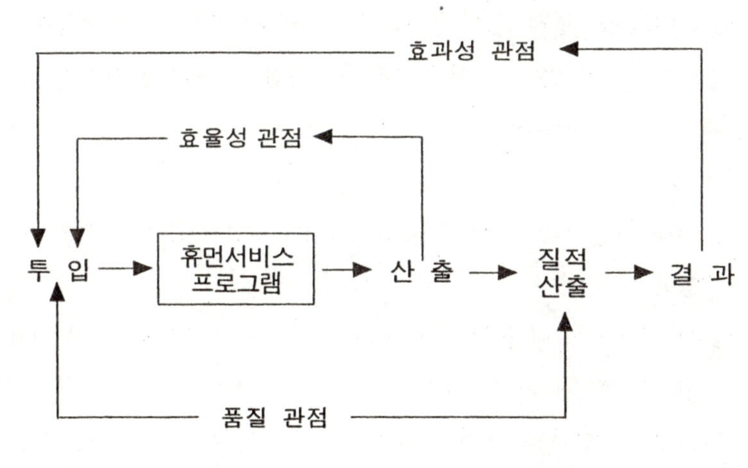

따라서 휴먼서비스 프로그램의 성과에서 피드백은 성과를 보고하고 그것을

따르는 형태를 취한다. 효과성 관점에서 책임감 있는 휴먼서비스 프로그램은 투입에 관한 결과를 최대화하는 노력이다.

[그림 1.2, 1.3, 1.4]를 비교해 보면 휴먼서비스 프로그램의 책임성에 대한 효율성, 품질, 효과성의 관점에 다소 차이가 있다는 것은 명확하다. 세 가지 관점은 프로그램 성과 책임성을 다르게 개념화할 뿐만 아니라 다른 형태의 피드백을 강조한다. 성과측정은 세 가지 관점 모두에 다 의존하기 때문에 책임성에 대한 하나의 포괄적인 접근을 창출하게 된다([그림1.5] 참조).

2. 성과측정은 왜 필요한가?

왜 휴먼서비스 행정가들이 성과측정을 채택하는가? 책임성 이외에 또다른 중요한 요소가 있는가? 이에 대해 성과측정을 지지하는 사람들은 다음의 세 가지를 지적한다.

① 성과측정은 휴먼서비스 프로그램 관리를 향상시키는 잠재성을 지니고 있다.
② 성과측정은 휴먼서비스 프로그램에 대한 자원 배분에 영향을 미칠 수 있는 잠재성을 가지고 있다.
③ 가장 중요한 점은 성과측정이 대부분은 아닐지라도 많은 휴먼서비스 프로그램에 일종의 강제된 선택일 수 밖에 없다는 것이다.

성과측정과 프로그램 관리의 향상

휴먼서비스 프로그램을 적합하게 관리하기 위해서 행정가는 다음의 질문에 대해 명확해야 한다.

1. 누가 클라이언트인가?
2. 클라이언트의 인구통계학적 특징은 무엇인가?
3. 사회 문제 또는 현재 나타난 문제는 무엇인가?
4. 어떤 서비스를 받고 있는가?
5. 총계는 얼마인가?
6. 서비스 품질의 수준은 어떠한가?
7. 어떤 결과가 달성되고 있나?
8. 비용은?

대부분의 휴먼서비스 프로그램은 1~4번의 질문에 대해서는 상대적으로 분명하게 대답한다. 반면에 몇몇 프로그램은 5~8번의 질문에 대해서는 종종 불명확하고, 또 어떤 프로그램들은 아무 질문에 대해서도 확실하게 대답하지 못한다. 대부분 산출, 품질, 성과에 대한 공식적으로 채택한 측정방법이 없기 때문에 여덟 가지 질문에 모두 답할 수 있는 휴먼서비스 프로그램은 거의 없다.

성과측정은 이처럼 대답하지 못하는 부분을 명확하게 함으로써 행정가가 휴먼서비스 프로그램에 대해 여덟 가지 질문 모두를 답할 수 있게 한다. 클라이언트와 문제에 관한 자료를 결합하는 성과측정 자료는 행정가에게 휴먼서비스 프로그램에 소요되는 비용이 얼마이고 클라이언트의 유형에 따라 어떤 결과가 달성되는지 분명히 할 수 있는 능력을 제공한다. 이러한 형태의 정보를 갖춘 휴먼서비스 행정가는 분명히 더 효율적이고 더 효과적이면서 더 질 높은 프로그램을 계획하고 설계하고 실행 할 수 있게 된다.

이러한 설명만으로 충분치 않다면, 휴먼서비스 행정가에게 가치 있는 관리 도구로 성과측정을 제안할 수 있는 다른 특징들을 제시해 볼 수 있다.

① 기관 성과에 가장 중요한 구성요소를 바로 클라이언트가 되게 함으로써 '클라이언트 중심주의'를 더욱 잘 실현한다(Poertner & Rapp, p. 23).

② 휴먼서비스 행정가가 그들이 관리하는 프로그램의 효율성, 품질, 효과성에 대해 평가적인 판단을 내리는데 사용하는 공통의 언어를 제공한다(Brinkerhoff & Dressler, 1990).

③ 휴먼서비스 행정가가 서비스 향상을 위한 '개입 지점'을 파악할 수 있도록 프로그램을 지속적으로 모니터 할 수 있게 한다(Poertner & Rapp, 1985, p. 65).

④ 어떤 클라이언트가 얼마나 많이 도움을 받고 있는지 피드백 함으로써 직접 서비스를 제공하는 사회복지사의 사기를 증진시킨다(Carter, 1983).

성과측정과 자원 할당

성과측정은 또한 정부나 그 외 민간단체에서 휴먼서비스 프로그램에 자원을 할당하는데 중요한 영향을 미치는 잠재성을 지닌다. 만약 모든 휴먼서비스 프로그램이 비교할 만한 성과측정 자료를 수집하고 보고한다면, 정부와 민간 자금은 예산을 세우고, 보조금을 지급하고 계약을 결정하는 과정 등에서 성과측정 결과를 활용할 수 있을 것이다.

결과 자료가 그 프로그램을 수행하도록 하는 보상이 되거나 혹은 그것을 수행하지 못하게 하는 어떤 불리한 자료로 작용하지 않는다면, 그 휴먼서비스 프로그램 성과에 대해 수집한 정보의 목적이 무엇인지 되물어 보아야 할 것이다. 예를 들어, 같은 지역사회에서 공동모금회로부터 주요 자금을 제공 받고 있는 자발적 민간 가족 서비스 단체 두 기관('가' 기관과 '나' 기관)이 있다고 가정하자. '가' 기관은 '나' 기관보다 더 적은 비용으로 클라이언트에게 더 나은 결과를 얻었고(성과) 더 많은 서비스(산출)를 제공했다. 예산을 축소하고 삭감하는 시대에 공동모금회는 분명 '나' 기관 보다 '가' 기관에 상당히 더 매력을 느낄 것이다. 이러한 점들로 볼 때 성과측정은 휴먼서비스 예산 정책 뿐만 아니라(Wildvasky, 1974), 일반적인 휴먼서비스 기금 정책 그리고 종합적인 정부 예산과 기금 정책에도 영향을 미치는 잠재성을 갖고 있다.

성과측정을 채택하는 것은 휴먼서비스 프로그램에만 국한되는 것은 아니다. 모든 정부 프로그램 역시 성과측정의 후보 대상이다. 결론적으로 성과측정은 경쟁하고 있는 휴먼서비스 프로그램들 간에 자원할당을 결정하는 것 뿐만 아니라, 보건의료, 주택 공급과 기간 시설 등을 포함하는 다른 여러 경쟁적인 사회 욕구와 휴먼서비스 간에 자원 배분을 결정하는 데에도 중요한 요소가 될 수 있다.

강요된 선택으로써 성과측정

비록 일부 행정가들이 성과측정을 채택하는 기회 자체를 무시하려 할 수 있을지 모르나, 그들은 어쩌면 그 문제에 있어서 거의 선택의 여지가 없을지도 모른다. 이미 진행되고 있는 이러한 압력은 대부분은 아닐지라도 많은 휴먼서비스 프로그램에 대해 1990년대 이후 언젠가는 성과측정을 실행하도록 강요하고 있다. 성과측정을 실행하도록 하는 압력과 이러한 압력을 따르게 되는 휴먼서비스 프로그램에 대해서는 제2장에서 논의할 것이다.

제 **2** 장

성과측정의 배경

미국에서 대다수의 지방 및 주 정부 뿐만 아니라 연방 정부가 기본적인 행정체계의 통합된 일부분으로 성과측정을 채택하고 있는 추세이다. 이는 단지 휴먼서비스 프로그램만이 아닌 공공기금을 받는 모든 프로그램을 포함한다. 연방 정부 차원에서는 앞으로 성과측정이 점점 중요하게 자리매김 할 전망이다. 이러한 현상은 백악관과 의회에 어떤 정당이 들어서든지 무관하게 진행될 것이며, 연방 프로그램이 개별보조금(categorical grant)으로 남을 것인지, 아니면 정액보조금(block grant)으로 주에 넘어가든지 상관없이 이루어 질 것이다. 연방 및 주 정부의 기금이 휴먼서비스 체계에 미치는 영향력 때문에 결국 대부분의 휴먼서비스 프로그램—정부 프로그램과 민간 프로그램 모두—은 결국 성과측정에 관련되게 될 것이다.

1. 성과측정을 촉진하는 요인들

정부가 성과측정을 촉진하는 다섯 가지 주요 압력이 있다. 이 압력은 각기 개별적으로도 중요성을 띄지만 연합해서도 영향력을 행사한다. 이러한 압력으로 인해 앞으로 모든 휴먼서비스 프로그램은 성과측정을 개발하고, 이용하고, 보고하게 될 것이다. 이 다섯 가지 압력은 다음과 같다.

1. 정부 집행 및 성과에 관한 법률(Government Performance and Result Act, 1993)
2. 국가 성과 사정 (National Performance Review)
3. 총체적 품질 관리 접근 (Total Quality Management; TQM Approach)
4. 관리 의료 (Managed Care)
5. 서비스 노력 및 성취도 (Service Efforts and Accomplishments; SEA) - Governmental Accounting Standards Board(GASB) 의 보고서

정부 집행 및 성과에 관한 법률

정부 집행 및 성과에 관한 법률은 1993년 의회를 통과했다. 민주당과 공화당의 강력한 지지를 받아 통과한 이 법은 1998년 회계년도부터 발효되었고, 이로써 모든 연방 부서가 효과성(결과성과)에 근거하여 성과측정을 보고하기 시작했다(Gore, 1993). 과거에는 보건복지성(Health and Human Services; HHS), 주택·도시 개발성(Housing and Urban Development; HUD), 노동성(Department of Labor; DOL)과 같은 연방 부서들이 그들의 수혜자와 계약자에게 위임하여 통과시키곤 했다. 결과적으로 HHS, HUD, DOL로부터 기금을 받는 공공·민간 휴먼서비스 프로그램은

성과에 근거한 성과측정 자료를 수집하여 보고할 것을 요구받게 된 것이다. 적어도 실제 서비스 제공자들로부터 어떤 성과자료들을 수집하지 않고는 정부 집행 및 성과에 관한 법률의 요구사항을 어떻게 충족할 수 있을지 불확실하다. 이 법령 아래 75개 시범 사업이 HHS, HUD, DOL 및 기타 연방 부서에서 이미 진행중이다(Hartry & Wholey, 1994; Rosenbloom, 1995). 게다가 백악관과 의회에 정액보조금을 요구하는 대부분의 사업 계획서들은 성과측정을 필수적으로 포함시키고 있다(Federal Office of Management and Budget[FOMB], 1995; "Power of the States," 1995).

국가 성과 사정

최근 미국 정부 활동에 영향을 미친 중요한 저서들 중의 하나가 "정부 재창출(*Reinventing Government*)"이라는 책이다(Osborn & Gaebler, 1992). 이 책의 전체 구성은 성과측정을 포함하고 있으며 결과 지향적인 정부를 논의의 중심으로 한다. 저자들은 설득력 있게 "측정된 것만이 이루어진 것이다"라고 주장하고 있다(p. 146).

국가 성과 사정이란 성과측정을 강조하면서 바로 이 책에서 언급하고 있는 원리를 이행하기 위한 연방 정부의 노력이다. 국가 성과 사정의 주요 목표 중 하나는 정부 집행 및 성과에 관한 법률(1993)의 이행 속도을 높이는 것이다. 국가 성과 사정은 1997년 가을부터 이 법이 완전히 실행될 수 있도록 요구한다. 이 때부터는 모든 연방 부서들이 특히 결과에 역점을 두고 성과측정 보고 계획을 세우도록 되어있다(FOMB, 1995; Gore, 1993). FOMB은 의회에 1998년 회계년도 예산안의 일부로 연간 '정부 차원의 성과계획(Government Wide Performance Plan)'을 제시할 계획이다 (FOMB, 1995, p. 137).

HHS, HUD, DOL과 같은 연방 부서 역시 성과에 역점을 두고, 성과측정에 관한 정보를 수집하도록 하였다. 정부 및 민간 부문의 기금 수혜자와 계약자들의 참여 없이는 보고될 정보가 거의 없을 것이다.

총체적 품질 관리 접근

TQM은 성과측정을 촉진하는 원동력이면서 동시에 성과측정에 대한 일종의 반응이다. TQM운동은 행정가가 휴먼서비스 프로그램의 질을 증진하는 것에 더 관심을 갖도록 하면서 동시에 성과측정 그 자체에도 영향을 미쳤다.

현재 품질 성과측정은 전통적으로 효율성, 효과성 성과측정과 나란히 하고있다(Brinkerhoff & Dressler, 1990; Martin, 1993). 일반적으로 품질 성과측정은 다음의 형식 중 하나를 취한다. ① 소비자(혹은 클라이언트)의 만족도 ② 몇몇 품질 기준과 관련된 산출. 첫 번째 접근방법의 예로는 특별 교통서비스 프로그램에서 서비스의 품질이 '매우 우수하다' 혹은 '우수하다'고 평가한 클라이언트의 비율을 들 수 있다. 두 번째 접근방법의 예로는 ⓐ 가정 음식배달 프로그램에서 음식이 식지 않은 상태에서 배달된 비율 ⓑ 연방정부에서 지원하고 있는 직업훈련협력법(Job Training Partner-ship Act)에 따른 프로그램에서 훈련을 마친 후 시장성이 있는 직업 기술을 보유한 졸업생의 비율 등이 포함된다.

품질 성과측정을 개발하고, 수집하고, 이를 해석하는 것 등은 휴먼서비스 프로그램이 도전해야 하는 주요한 과제이다. 휴먼서비스에서 품질 관리는 여전히 비교적 새로운 분야이기 때문에 이에 대한 실천을 안내할 문헌은 아직 거의 없는 편이다.

관리의료

관리의료는 보건 전달체계의 다양한 이념들을 묘사하는 집합적인 용어이다(Cornelius, 1994). 이렇듯 보건 서비스 부분에서의 관리의료가 이제는 약물, 알코올, 정신보건 영역의 휴먼서비스에까지 영향을 미치고 있다. 행위별 수가제(fee-for-service)에서 포괄 수가제(prepaid capitation funding relationship)로 접목하는 등 비용 효율성을 증진하는 목적에 더하여, 관리의료 프로그램은 서비스 제공 기관들이 결과 성과측정에 더 많은 관심을 갖도록 하고 있다(Austin, Blumn, & Murtaza, 1995).

결과 성과측정에 초점을 두는 것은 지불자의 지위(공공이든 민간이든)에 관계없이 관리의료 프로그램의 주요한 측면이다. 예를 들어,

- 선구자로 불리는 캘리포니아 주는 결과 성과측정을 활용하여 클라이언트 중심 서비스를 제공하기 위해 공공 정신보건서비스 체계를 전체적으로 재구성했다(Austin et al., 1995, p. 205).
- 150개 주요 기관 모임인 정신보건협회(Managed Mental Healthcare Association)는 결과관리협회(Outcomes Management Consortium)를 만들어 특정 질환별로 표준화된 결과 성과측정을 개발하고 있다(England & Goff, 1993, p. 5)

서비스 노력 및 성취도 보고서 : SEA 보고

오랫동안 정부회계기준위원회(Governmental Accounting Standards

Board : GASB)는 주 정부와 지방 정부를 위한 회계 및 재정보고 기준을
정했다. GASB에서 만든 기준들은 주와 지방 정부의 '보편적인 회계 원리'
로 알려져 있다(Fountain & Robb, 1994, p. 12). 공인 회계사와 회계 감
사관에게 재정 보고에 근거하여 '부적격' 판정을 받는 주 정부와 지방 정부
는 GASB기준 모두를 충족시켜야만 한다(Epstein, 1992, p. 513; Foun-
dation & Robb, 1994, p. 12).

과거 몇 년 동안, GASB는 단순한 회계 및 재정보고 이상의 이념을 추
구해 왔으며, 주와 지방 정부에 SEA 보고에 참여할 것을 요구하고 있다
(Epstein, 1992; GASB, 1993, 1994). SEA 보고는 단순히 성과측정을
위한 GASB의 용어이다. Epstein(1992)은 SEA 보고가 2000년 이전에
실현될 것이라고 예견했다.

휴먼서비스에서 SEA 보고의 의의는 상당하다—아마도 여기에서 논의된
다섯 가지 중요한 촉진 요인 중 가장 강력하고 포괄적이다. SEA 보고가
의무가 되면, 휴먼서비스 기관을 포함하여 모든 주 정부 기관과 지방 정부
기관들은 성과측정의 수집과 보고에 참여하도록 요구받게 될 것이다. 주 정
부 및 지방 정부로부터 보조금이나 계약을 맺은 비영리 민간기관 및 영리
휴먼서비스 기관들도 또한 영향을 받을 것이다. 주 정부와 지방 정부가 휴
먼서비스 프로그램 총량에 근거하여 성과측정을 수집하고 보고할 수 있는
유일한 방법은, 민간 비영리기관 및 영리기관의 피수여자와 계약자(기관)들
이 참여하여 보고하도록 요구하는 것이다.

정부 집행 및 성과에 관한 법률, 국가 성과 사정, TQM운동, 관리의료,
SEA 보고는 대다수의 휴먼서비스 프로그램에서 성과측정을 채택할 것을
요구하는 것 같다. 결론에 이르러 우리가 할 수 있는 질문은 '아마도 그렇게
된다면'이라는 가정보다는 '그렇게 될 때'에 관한 것이다.

2. SEA 보고의 구조와 용어

SEA 보고는 책임성 증가와 성과측정을 촉진하는 다섯 가지 주요 압력 중 가장 중요하다. SEA 보고에는 일정한 구조와 용어가 있는데, 이는 성과측정에의 체계적 접근을 나타낸다. 성과측정을 촉진하는 나머지 네 개의 압력의 경우, SEA 보고와 같이 규정하고 있는 특성과 지침 등이 부족하다. 이에 반해 SEA 보고는 나머지 요인들과 조화를 이룰 수 있으며 그 요인들을 잘 포함하고 있다. 그 결과 모든 정부 기금을 받는 프로그램들은 시행 기관에 관계없이(연방정부, 주 정부, 지방 정부, 비영리·영리 목적의 민간 기관 등) SEA 보고라는 단일한 접근방법을 채택하게 되었다.

일반적으로 성과측정에서 SEA 보고는 중요한 부분이기 때문에 여기에서도 휴먼서비스의 성과측정에서 SEA 보고의 구조와 용어를 채택하였다. SEA의 보고는 ① 투입 ② 산출 ③ 품질 산출 ④ 성과를 포함하는 확장된 체계 모델에 근거한다. 그러나 과정 부분은 제외한다. 과정 요소가 없는 것은 SEA의 주요 초점이 성과 및 성과 비용의 고려에 있기 때문이다.

SEA 보고는 세 가지 요소로 나눌 수 있다. [표 2.1] 처럼 ① 서비스 노력 ② 서비스 성취, 그리고 ③ 서비스 노력과 서비스 성취를 연결시키는 측정 혹은 비율이다(GASB, 1994).

서비스 노력

서비스 노력은 휴먼서비스 프로그램에 투입되는 자원들이다. GASB는 서비스 노력을 세 가지 방식으로 측정한다. ① 프로그램 총비용 ② 프로그

[표 2.1] SEA 보고의 요소

Ⅰ. 서비스 노력

A. 재정 정보
  1. 달러로 측정한 총 비용
B. 비재정 정보
  1. 직원의 수 : 프로그램에 투입된 전일제 근무인원 (FTE) 수
  2. 기타 측정 (예, 피고용인이 소비한 총 시간 수)

Ⅱ. 서비스 성취

A. 산출
  1. 제공된 서비스의 총량
  2. 총 서비스 분량 중 지정된 품질 기준을 충족한 서비스의 비율(%)
B. 결과
  1. 부분적 혹은 전체적으로 달성된 결과, 성취 혹은 영향의 측정

Ⅲ. 서비스 노력 및 성취도 비율

A. 효율성 측정
  1. 소비된 자원(투입) 당 서비스 양(산출)의 비율
    a. 산출당 비용
    b. FTE당 산출
    c. 근무시간당 산출
B. 효과성 측정
  1. 소비된 자원(투입)에 대한 결과, 성취 혹은 영향의 비율
    a. 결과당 비용
    b. FTE당 결과
    c. 근무시간당 결과

램에 투입된 종일제 근무인원 FTE(full-time-equivalent), 그리고 ③ 프

로그램 피고용인의 전체 노동 시간. SEA 보고는 다양한 휴먼서비스 프로

[표 2.2] SEA 투입요소들

서비스 노력	예 시
1. 총 비용	$750,000
2. FTEs	22
3. 근무시간	45,760[※]

※ 고용인 22명의 연간 근무시간 (52주 × 주당 40시간 × 22명)

그램을 운영하는 기관들이 이미 채택했거나 채택할 능력을 지니고 있다고 가정하고 있음에 주목해야 한다. 이러한 가정의 중요성이 간과되어서는 안 된다. 만일 기관이 프로그램 구조를 분명히 하지 않았거나 명시된 프로그램에 조직의 비용을 배분할 방법이 없다면, 성과 비용 비율(예, 비용/산출, 비용/성과)을 결정할 수 없다. [표 2.2]는 학대나 방임하는 부모에게 집중적인 훈련과 상담을 제공하는 가족상담 프로그램에서의 서비스 노력에 대한 회계년도 보고를 반영한 것이다.

서비스 성취

서비스 성취는 두 개의 주요 범주, 즉 ① 산출 ② 결과(책임성에 관한 효과성 관점을 포함한다)로 나누어진다. 여기에서 산출은 더 세분된다. ⓐ 책임성에 관한 효율성 관점을 포함한 산출과 ⓑ 특정한 품질 기준을 충족하는 산출(책임성에 관한 품질 관점을 포함한다). GASB(1994)는 성과의 기준을 확립하는 것에 관심이 있는 것이 아니라 성과 보고의 기준을 확립하는 데에 관심이 있다:

[표 2.3] SEA의 산출 및 결과 요소들

서비스 성취	예 시
1. 산출	
a. 서비스 단위로 측정하여 제공된 서비스의 양	부모훈련과 상담 27,500시간
b. 서비스를 완료*한 것으로 측정된 제공된 서비스의 양	프로그램을 마친 225명의 부모
c. 특별한 수준의 품질 기준을 충족한 제공된 서비스의 양	프로그램을 마치고 매우 도움이 되었다 혹은 도움이 되었다라고 서비스를 평가한 부모의 비율 85% (n=112)
2. 결과	프로그램을 마치고 최소 2년동안 아동학대나 방임을 보고하지 않는 부모비율(n=112)

※ 서비스 완료란 치료를 마쳤거나 혹은 필요한 모든 서비스를 완전하게 제공받은 한 명의 클라이언트를 의미한다.

    GASB의 소명은 유용한 정보를 제공하고 대중들을 안내하고 교육시킬 수 있는 회계 및 재정 보고의 기준을 확립하는 것이다. 이 소명은 GASB의 초점을 성과기준을 확립하는 것과는 다르게 성과에 관한 정보를 보고하는 기준을 정하는데 둔다. 성과 기준을 확립하는 것은 GASB의 범위를 벗어난다(p. 1).

    GASB는 성과보고 범주들(산출, 품질 차원에서의 산출, 결과)을 결정하는 것이 GASB의 영역이라고 말 하지만, 휴먼서비스 프로그램을 위한 특별한 산출, 품질 차원에서의 산출, 결과 성과측정을 선택하는 것은 권한 밖이라고 명시하고 있다. 따라서 휴먼서비스 프로그램 행정가는 그들 스스로 성과측정을 개발하거나 혹은 다른 프로그램이나 기관이 개발한 성과측정을 채택해야 할 것이다. [표 2.3]은 가족상담 프로그램의 몇몇 가능한 회계년도 서비스 성취를 제시한 것이다.

[표 2.4] 서비스 노력과 성취도 비율(SEA 비율)

SEA 비율	예시
1. 효율성(산출) 측정	
a. 서비스 단위당 비용	$27.27 ($750,000 ÷ 27,500)
b. FTE당 서비스 단위	1,250 (27,500 ÷ 22)
c. 서비스 완료당 비용	$3,333 ($750,000 ÷ 225)
d. FTE당 서비스 완료	10.3 (225 ÷ 22)
2. 효과성(결과) 측정	
a. 결과 단위당 비용	$6,696 ($750,000 ÷ 112)
b. FTE당 결과	5.1 (112 ÷ 22)
3. 해석	
1.a. 훈련시간당 평균 비용은 $27.27이다	
1.b. 각 훈련 제공자는 평균 1,250 훈련시간을 제공했다	
1.c. 훈련을 마친 가족 당 평균 비용은 $3,333이다	
2.a. 한 가족이 최소 2년 동안 아동을 학대나 방임하지 않은 결과를 얻기 위해 사용된 비용은 $6,696이다	
2.b. 각 훈련 제공자에게 돌아가는 평균 결과는 5.1이다	

서비스 노력과 성취도 비율

SEA 보고의 세 번째 요소는 SEA비율이다. SEA비율은 다음과 같은 측정을 통해 서비스 노력을 서비스 성취와 관련시킨다.

1. 서비스(산출 혹은 결과) 단위당 비용

2. FTE당 서비스 단위

3. 프로그램 시간당 서비스 단위

[표 2.4]는 가족상담 프로그램에서 SEA비율의 예이다. SEA비율은 가족상담 기관에서 책임성을 사정하는 다양한 방법을 제공한다. 이는 고려할 수 있는 모든 휴먼서비스 관계자들이 원하는 바로 그 어떤 것들을 포함한다. 어떤 측정은 시민이나 선출 공무원, 또는 옹호집단에 더 관심을 가질 것이다. 또 어떤 측정은 정부의 재정 지원을 받는 기관, 공인 회계사, 그리고 회계감사관이 더 주목할 수 있다. 반면 어떤 측정은 클라이언트, 이사회, 기관 행정가들이 더 선호할 것이다.

SEA 보고의 용어와 구조의 채택

많은 주 그리고 지방 정부의 휴먼서비스 프로그램과 기관들은 SEA 보고의 용어와 구조를 선택함으로써 성과측정에서 이미 앞서 나가고 있다. 예를 들어, 커넷티컷, 오레곤, 미네소타, 버지니아와 같은 주들은 SEA 보고를 활용하여 시범 사업을 진행했다(Craymer & Hawkins, 1993; Epstein, 1992). 캘리포니아나 플로리다, 뉴욕 등에 속해있는 지방 정부 역시 SEA 보고 제도를 채택하고 있다(Fountain & Robb, 1994).

3. 성과측정 개발과 사용

앞으로 산출, 품질 차원에서의 산출, 그리고 결과를 포함하는 SEA 보고 형식을 기반으로 한 성과측정의 개발과 사용에 대해 보다 깊이 있게 논의할 것이다. [표 2.5]는 이미 논의한 성과측정의 분류기준과 유형에 대한 개요이다.

[표 2.5] 성과측정의 개관

산출 성과측정		결과 성과측정	
중간	최종(Final)	중간	최종(Ultimate)
서비스 단위로서 상황 혹은 접촉	서비스 완료	수량집계	수량집계
서비스의 물적 단위		표준화된 척도 LOF 척도	표준화된 척도 LOF척도
서비스의 시간 단위		클라이언트 만족도	
	품질 성과측정 품질 차원의 산출 클라이언트 만족도		

[표 2.5]처럼 산출 성과측정에 대한 논의는 크게 두 가지 부문, 즉 중간 산출과 최종산출로 이루어진다. 중간산출은 다시 서비스에 대한 상황(에피소드 혹은 접촉) 단위, 물적 단위, 시간단위를 활용한다. 최종산출은 '서비스 완료'라는 측정을 이용한다. 품질 성과측정에 대한 논의는 두 가지 측정 유형을 포함한다. 품질 차원을 가진 산출측정, 그리고 클라이언트 만족도이다. 결과 성과측정에 대한 논의 또한 두 가지 부문으로 이루어진다. 중간 성과와 최종 성과, 그리고 네 가지 특징적인 유형들, 즉 수량집계, 표준화된 척도, LOF척도, 클라이언트 만족도 등이다. 앞으로 이러한 분류와 용어들에 대해 자세하게 정의하고 논의할 것이다.

성과측정을 실제로 개발하고 활용하는 것을 다루기 전에, 제3장에서는 사회문제와 휴먼서비스 프로그램간의 관계, 그리고 성과측정의 선정에 관하여 논의할 것이다.

제**3**장

사회문제, 휴먼서비스 프로그램 그리고 성과측정

휴먼서비스에서 사용하려고 선정된 성과측정과 특별히 그 휴먼서비스 프로그램이 겨냥하는 사회문제간에는 뚜렷한 어떤 관계가 존재해야만 한다. 즉, 노숙자 쉼터 프로그램은 노숙자의 사회문제를 겨냥하여 존재하는 것이며, 노인을 위한 급식프로그램은 노인들 사이의 빈곤한 영양과 사회적 고립이라는 사회문제를 위해 존재한다. 같은 맥락에서 직업훈련 프로그램 역시 실직이라는 사회문제에 관한 것이다. 휴먼서비스 프로그램과 사회문제간의 관계가 이러하다면, 휴먼서비스 프로그램이 무엇을 하는지 설명하기 위해 전통적으로 이용해왔던 측정의 유형들을 잠시 고려해 볼 필요가 있다.

- 서비스를 받은 클라이언트의 수
- 서비스를 이중으로 받지 않은 클라이언트의 수
- 투여된 기금의 양

소위 성과측정이라고 불리는 이러한 것들은 실제로는 성과에 대하여 언급하지는 않는다. 다만 프로그램이 집중해야할 의무가 있는 사회문제를 다소 언급하고 있다.

휴먼서비스 프로그램은 어떤 사회문제에 열심을 기울이기 위해 존재하기 때문에, 일반적으로 성과측정, 그 중 특히 결과 성과측정은 사회문제와 관련된 정보를 제공해야만 한다. 예를 들어, 노숙자 쉼터 프로그램에 관한 성과측정은 노숙자 문제를 겨냥하고 문제를 완화시키기 위해 프로그램이 무엇을 하고 있는지에 대한 정보를 제공해야 한다. 직업훈련 프로그램은 실직의 사회문제에 노력을 기울이면서 그 문제를 완화시키기 위해 프로그램이 무엇을 하고 있는지에 대한 정보를 제공해야 한다.

본 장에서는 성과측정, 휴먼서비스 프로그램, 그리고 사회문제간의 관계를 밝힐 것이다. 실제로 성과측정을 개발하기 전에 모든 휴먼서비스 프로그램을 분석해 볼 필요가 있다. 프로그램을 분석하는 것은 다음과 같은 세 가지의 주요 과업으로 구성된다.

- 과업1 : 기관이 제공하고 있는 휴먼서비스 프로그램의 수 파악
- 과업2 : 각 휴먼서비스 프로그램이 해결하고자 하는 사회문제의 명확화
- 과업3 : 다루고자 하는 사회문제에 대해 휴먼서비스 프로그램이 세운
  가설 확인

프로그램 분석은 사회문제, 휴먼서비스 프로그램, 성과측정을 분명하게 연결시킨다. [그림 3.1] 처럼 프로그램 분석의 세 가지 주요 과업이 달성될 때, 일련의 상호 연결된 활동으로 산출 성과측정, 품질 성과측정 그리고 결과 성과측정을 실제적으로 개발하게 된다. 또한 성과측정은 휴먼서비스 프

[그림 3.1] 성과측정, 프로그램, 그리고 사회문제간의 연결

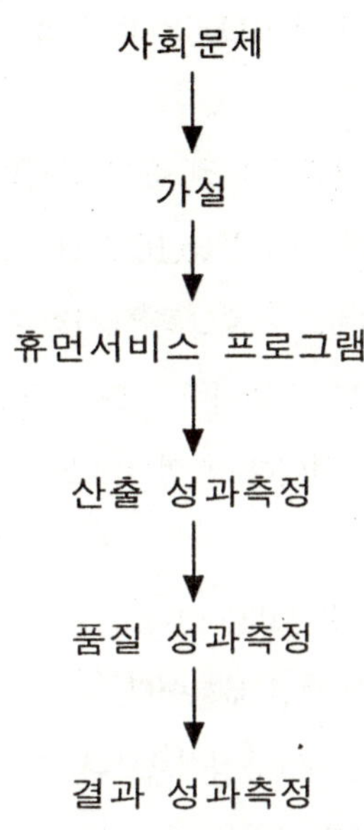

로그램이 규명하고 있는 사회문제에 대해 노력을 기울거나 또는 그 문제를
완화시키기 위해 무엇을 하고 있는지 책임성 있는 정보(피드백)를 제공한다.

1. 휴먼서비스 프로그램의 수 파악

프로그램 분석의 첫 번째 과업은 '기관이 얼마나 많은 휴먼서비스 프로그
램을 제공하고 있는지'를 파악하는 것이다. 일반적으로 프로그램은 "목표

달성을 위해 수단을 구체화한 일련의 예정된 활동"으로 정의된다. 공공 영역(보건, 교육, 복지, 정부)에서 프로그램은 정의된 세부목표를 달성하는 서비스를 제공하기 위해 공식화된다(Delbeck, Van de Ven, & Gustafson, 1975, pp.1-2).

Starling(1993)은 프로그램에 대해 좀더 간결하게 정의한다: "세부목표에 대한 기관의 주요한 노력(시도)"(p.16). 만약 프로그램에 대한 이러한 정의들이 결합되고, 휴먼서비스 프로그램은 사회문제를 해결하고자 해야 한다는 요구사항이 첨가된다면, 휴먼서비스 프로그램의 정의에 다음의 네 가지 기준을 제시할 수 있을 것이다. 휴먼서비스 프로그램은,

1. 규명된 사회문제를 해결하고자 한다.
2. 조직 전체 활동의 핵심적인 부분이다.
3. 목표와 세부목표를 갖는다(공식적으로나 혹은 묵시적으로 진술된).
4. 인력을 포함하여 일정한 자원을 갖는다(왜냐하면 자원 없이 어떤 활동 혹은 노력도 가능하지 않기 때문이다).

이러한 네 가지 기준 - 특히, 첫 번째 기준 - 이 인력, 재정, 시설관리, 사무처리 등과 같은 행정 활동을 규정하게 된다. 이러한 기준의 지침을 넘어서 그 조직에 얼마나 많은 휴먼서비스 프로그램이 존재하는지를 명확히 확인하는 것은 과학적이라기보다는 오히려 예술적인 것이다. 이에 대해 Anthony와 Young(1994)은 각 조직에 열 개 이상의 프로그램이 있어서는 안 된다고 제안한다. 여기에서 10이라고 그 수를 제한한 이유는 조직에 너무 많은 프로그램이 존재할 경우 서로 상충되는 우선 순위들(너무 많은 목표와 세부목표들)이 있어 상호간의 성공 기회를 침해하기 때문이다.

기관이 얼마나 많은 휴먼서비스 프로그램을 보유하는지 확인하는 것은 성과측정의 분석 단위가 프로그램이 되기 때문에 필수적이다. SEA 보고는 분석 단위로 프로그램을 정식으로 채택했고, 모든 성과측정 자료(프로그램이든 재정이든 모두)가 프로그램에 의해 보고되도록 요구한다. 정부 집행 및 성과에 관한 법률(1993) 아래 시행되었던 시범사업 결과에서도 확인되듯이, 분석의 단위로 주로 프로그램을 채택하는 것을 알 수 있다(Hatry & Wholey, 1994). SEA 보고 혹은 집행 및 성과에 관한 법률에 부응한다는 측면에서, 휴먼서비스 프로그램을 위해 개발된 산출, 품질, 결과 성과측정은 개별적인 휴먼서비스 프로그램 수준에 근거해야만 한다.

프로그램을 성과측정의 분석 단위로 정하는 또 다른 이유가 있다. 휴먼서비스 프로그램의 많은 중요한 관계자들(선출 공무원, 정부자금기관, 재단들)은 프로그램에 관심을 갖고 투자하는 경향이 있다. 또 하나의 중요한 관계자인 회계사의 규범에 따르면, 모든 정부 조직과 비영리 조직은 우선적으로 프로그램을 수행하는 목적을 위해 존재한다는 것이다(Anthony & Young, 1994).

프로그램을 성과측정의 분석 단위로 삼는 또 다른 함축된 의미는, 모든 휴먼서비스 조직들이 필수적으로 프로그램 예산을 채택해야만 한다는 것이다. 프로그램 예산을 수립한다는 것은 기관 총 운영비용(직접비용 및 간접비용)을 여러 프로그램에 배분하는 것을 말한다(Anthony & Young, 1994: Lynch, 1985). 프로그램 예산의 수립은 SEA 보고에서 요구하는 비용/산출 그리고 비용/성과 비율을 개발하기 위해 필수적이다. 프로그램 예산에 관한 깊이 있는 논의는 이 책의 범위를 벗어나는 것이다. 그러나 비영리 조직의 예산과 재정관리에 관한 대부분의 책(예를 들어, Anthony & Young, 1994; Lynch, 1985)들은 기본적으로 이 주제를 다루고 있다.

2.사회문제의 명확화

조직에 얼마나 많은 휴먼서비스 프로그램이 있는지 확인한 후에, 프로그램 분석의 두 번째 과업은 각 프로그램이 해결하고자 하는 사회문제(예, 실직, 노숙자, 범죄, 아동학대 및 방임, 십대 임신, 정신질환 등)를 명확히 하는 것이다. 많은 휴먼서비스 프로그램에서 사회문제를 명확히 하는 것은 비교적 간단한 일이다. 그러나 어떤 경우에는 사회문제를 추론해야 한다.

대부분의 휴먼서비스 프로그램은 특정한 사회문제를 다루기 만들어지고, 개별 보조금이나 계약을 통해 기금을 받게 되는데, Head Start, WIN, 직업훈련, 식품 교환권(food stamp)과 같은 프로그램 등이 이에 포함된다. 이러한 유형의 휴먼서비스 프로그램에 있어서 프로그램 또는 그 프로그램의 실행 규칙을 만드는 법률 용어, 조례, 명령 등은 일반적으로 사회문제를 명확히 한다. 그러나 만약 이러한 출처가 언급되지 않는다면, 연방 혹은 주 정부의 법률 요람을 검토하면서, 혹은 프로그램에 대한 통찰력을 갖기 위한 위원회 회의나 공청회 등의 기록을 통해 사회문제를 규명할 수 있다.

어떤 연방 기금은 보다 폭넓은 관점에서 사회문제와 사회복지 욕구를 위해 설계된다. 이러한 연방 기금은 어떤 특별한 사회문제와 관련된 것은 아니며 오히려 일종의 '기금 동향'인 것 같다. 그 대표적인 예가 사회서비스 지정보조금(Social Service Block Grant : SSBG)이다. SSBG는 다양한 사회문제들을 다루는 여러 휴먼서비스 프로그램에 투자한다. 이러한 유형의 연방 기금은 어떤 법, 조례, 규칙, 명령을 참고로 하여 사회문제를 규정하기보다는, 휴먼서비스 프로그램 그 자체의 본질에서 사회문제를 추론하게 된다. 예를 들어, SSBG기금이 아동학대 예방프로그램을 지원한다고 했을 때, 그 프로그램이 다루는 사회문제는 아동학대인 것이다. 마찬가지로 만일 SSBG기금이 지역사회정신보건센터를 지원했다면, 그 프로그램이 겨냥하는 사회문제는 지역사회 정신건강인 것이다. SSBG와 같은 휴먼서비스 프로그램은 실제로 많은 상이한 사회문제를 포괄한다. 만일 많은 범주화된 연방 프로그램을 지정보조금으로 바꾸는 제안을 연방 정부에서 통과시킨다면, 주와 지방 정부 수준에서 휴먼서비스 프로그램은 연방 법이나 법규에서 어떤 명백한 진술을 찾기보다는 그 프로그램이 다루는 사회문제를 스스로 유추하여야 할 것이다.

어떻게 연관성이 만들어지는 것과는 상관없이 유용한 성과측정을 개발하기 위해서는 휴먼서비스 프로그램과 특정 사회문제간을 연결하는 것이 중요하다. 이러한 연결이 이루어진 후에 프로그램 분석에서 세 번째 단계는 휴먼서비스 프로그램에서 해결하고자 하는 사회문제의 원인에 대한 가설을 설정하는 것이다.

3. 가설 확인

휴먼서비스 프로그램은 또한 사회문제의 원인에 대한 가설에 근거한다. 사회문제는 다면적인 경향이 있다. 실직, 빈곤, 범죄, 약물 기타 사회문제들은 단 한 가지만이 아닌 복합적인 원인을 갖는다. 반면에 휴먼서비스 프로그램은 일반적으로 그 중 한 가지 원인만을 다룬다. 공교롭게도 사회문제 원인에 대한 휴먼서비스 프로그램의 기초 가설에 대해서는 거의 진술되지 않고 있다. 심지어 휴먼서비스 프로그램이 해결하고자 하는 사회문제가 법, 규정, 명령에 명백히 진술되어 있을 때에도 사회문제의 원인에 대한 가설은 규명하지 않은 채 넘어간다. 성과측정에의 도전은 더 좋은 휴먼서비스 프로그램을 개발해야 한다는 것 외에도 사회문제 원인에 대한 상이한 가설이 서로 다른 프로그램 그리고 서로 다른 성과측정을 요구할 수 있다는 데 있다.

사회문제에 대하여 휴먼서비스 프로그램이 제시한 가설을 규명하는 과정은 또 다시 과학적이라기보다는 예술적인 것 같다. 공식적인 지침은 거의 없다. 가설에 관한 것은 그 주제에 관한 휴먼서비스 문헌(이론적 구조와 모델, 최근의 연구, 평가 연구, 실천 경험을 포함하여)에서 얻을 수 있다. 다음에서 제시하게 되는 세 가지 사례는, 프로그램이 겨냥하고 있는 사회문제의 원인에 대해서 휴먼서비스 프로그램이 제시한 가설이 어떻게 성과측정 선정에 영향을 미칠 수 있는지를 설명하고 있다. 첫 번째 예는 약물, 두 번째는 노숙자, 세 번째는 취약계층 아동의 낮은 교육적 성취 문제를 다루고 있다.

약물문제

이 예는 약물문제를 다루기 위해 설계된 두 개의 휴먼서비스 프로그램에 관한 것이다. 각각의 프로그램은 문제 원인에 대한 상이한 가설에 기초한다. 그 결과 완전히 상이한 일련의 산출, 품질, 결과 성과측정이 만들어 졌다.

첫 번째 프로그램은 약물남용 교육프로그램이고, 두 번째 프로그램은 약물남용 상담과 재활 프로그램이다.

첫 번째 프로그램은 약물 문제가 지식과 정보의 결핍에서 연유한다는 가설에 기초한다. 따라서 만일 더 많은 사람이 약물의 위험에 대해 교육받으면 약물 사용으로 인한 사회문제는 감소할 것이라는 것이다. 두 번째 프로그램은 약물문제가 약물로 자신을 표현하려는 기본적인 정신 혹은 정서의 문제라는 가설에 기초한다. 따라서 만일 더 많은 현재의 약물 남용자들이 자신의 정신 혹은 정서 문제를 다루는 상담을 받을 수 있다면, 현존하는 약

[그림 3.2] 약물 문제를 겨냥한 두개의 휴먼서비스 프로그램에 대한 성과측정

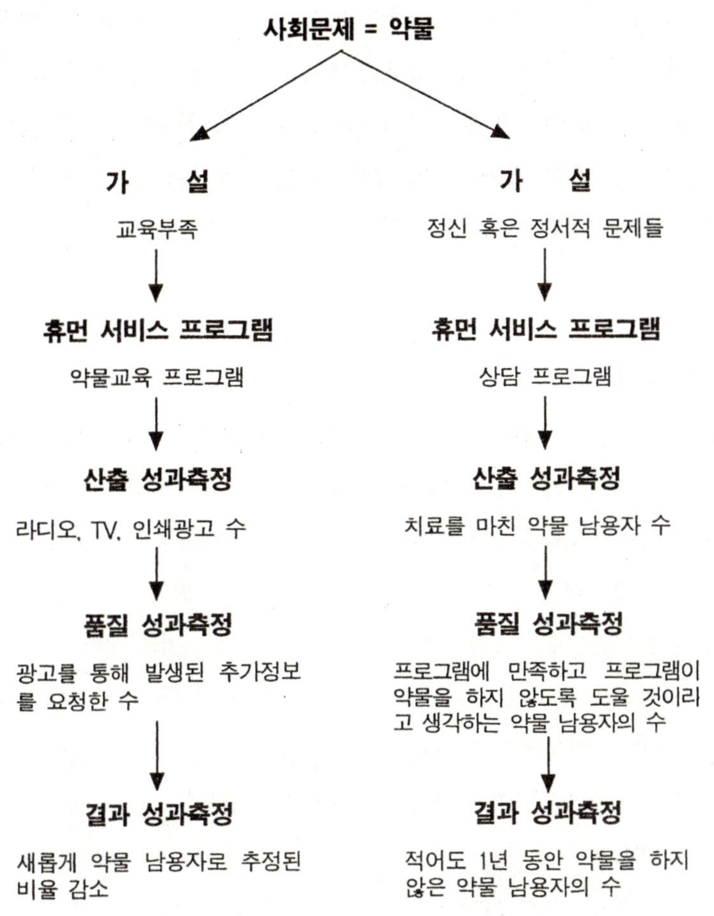

물 남용자의 수는 줄어들 것이고 약물의 사회문제는 감소할 것이라는 데 기초한다.

약물 문제의 원인에 대한 이 두 개의 가정 중 어떤 하나가 다른 것 보다 더 정확할까? 아마도 그렇지 않을 것이다. 약물 문제 원인에 대한 상이한 가설은 상이한 휴먼서비스 프로그램을 도출할 수 있고, 결국 상이한 일련의 성과측정이 선정되게 된다. [그림 3.2]에서 보는 바와 같이, 약물남용 교육 프로그램의 관계자들에게 성과 책임성과 관련된 정보를 보고하는데 유용한 성과측정(산출, 품질, 결과)과, 또 약물남용 상담 및 재활 프로그램의 이해관계자들에게 유용한 성과측정은 확실히 차이가 있다.

노숙자 문제

노숙자 문제를 겨냥하여 설계된 두 개의 휴먼서비스 프로그램을 소개한다. 각각의 프로그램은 노숙자 문제의 원인에 대한 상이한 가설에 기초한다. 첫 번째 프로그램은 노숙자 개인과 그 가족을 위한 단기 긴급 쉼터를 제공한다. 이 프로그램은, 노숙자는 실직했거나 법적으로 퇴거당한 개인과 가족의 일시적인 문제에 연유한 것으로 그들은 단지 다시 일을 찾거나 또는 다른 곳(가족이나, 친구 등)으로 이사하기 이전에 일시적으로 노숙의 상태에 있는 것이라는 가설에 기초한다.

두 번째 프로그램은 장기 쉼터로 여기에서는 기본적인 교육, 재정과 채무관리, 직업교육, 약물남용 상담과 재활 그리고 기타 프로그램을 포함하여 포괄적인 서비스 프로그램을 제공한다. 이 프로그램에서 기초하는 가설은 노숙자는 장기간의 치료를 요하는 개인과 가족이 가진 깊고 오래된 만성적 문제의 결과라는 것이다.

노숙자 문제 원인에 대해 과연 어느 가설이 더 정확할까? 사실 두 가지 모두 정확하다. 약물 남용처럼 노숙자도 다면적인 사회문제이기 때문이다.

[그림 3.3] 노숙자 문제를 다루는 두 개의 휴먼서비스 프로그램을 위한 성과측정

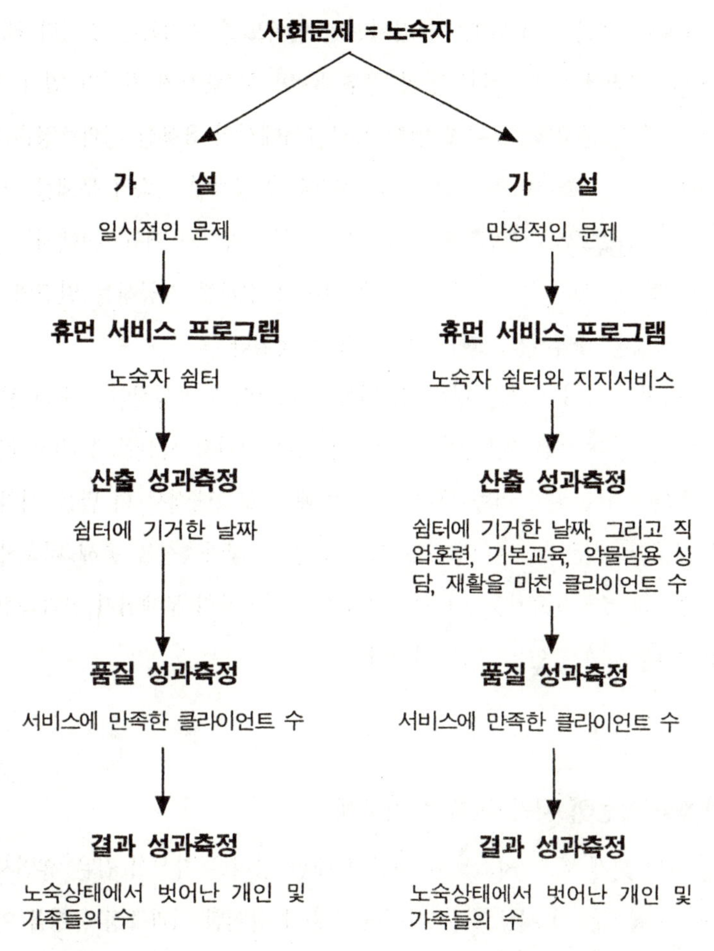

이 사례에서([그림 3.3] 참고) 두 프로그램이 노숙자 문제를 다루고 완화시키기 위해 무엇을 하고 있는지, 이 프로그램의 관계자들에게 보다 책임

성 있는 정보를 제공하기 위한 가장 유용한 결과 성과측정은 아마도 집 없는 상황이 끝난 개인과 가족의 수가 될 것이다. 마찬가지로 두 프로그램의 가장 유용한 품질 성과측정은 클라이언트 만족도를 측정하는 것이라 해도 무방하다. 그러나 산출 성과측정의 경우 두 프로그램간에 차이가 있다. 일시적인 노숙자 문제를 다룬 첫 번째 프로그램에서의 유용한 성과측정은 단순히 쉼터에서 보호서비스를 받은 날 수이다. 만성적인 노숙자 문제를 다루는 두 번째 프로그램(직업훈련, 기초교육, 약물 상담 및 재활 등)에서는 그 프로그램의 다양한 서비스 구성요소에 관하여 정보를 제공하는 일련의 산출 결과측정을 개발하는 것이 보다 유용할 것이다.

일시적인 노숙자 문제를 다룬 첫 번째 프로그램은 만성적인 노숙자 문제를 다룬 두 번째 프로그램보다 확실히 더 많은 결과를 생산할 것이다. 왜냐하면 클라이언트는 첫 번째 보다는 두 번째 프로그램에서 더 많은 시간을 보낼 것이기 때문이다. 이 두 프로그램을 같은 성과측정을 통해 비교하는 것은 분명히 불공평하지만, 이것은 성과측정 해석상의 문제이지 성과측정을 개발하는데 문제가 있는 것은 아니다.

취약계층 아동의 낮은 교육 성취문제

세 번째 사례 역시 사회문제 원인에 대한 상이한 가설이 같은 휴먼서비스 프로그램 내에서 서로 다른 상이한 요소와 상이한 성과측정 유형을 이끌고 있음을 나타낸다. 이 사례는 1980년대 초기의 실제 상황으로, 아리조나의 메리코파시에서 운영한 Head Start프로그램의 성과측정 개발을 시도했을 때의 경우이다. 메리코파시의 Head Start프로그램은 실제로 두 개의 휴먼서비스 프로그램으로 구성되었다. 첫 번째 프로그램은 소위 '전통적인

[그림 3.4] 같은 휴먼서비스 내의 두 구성 요소를 위한 성과측정

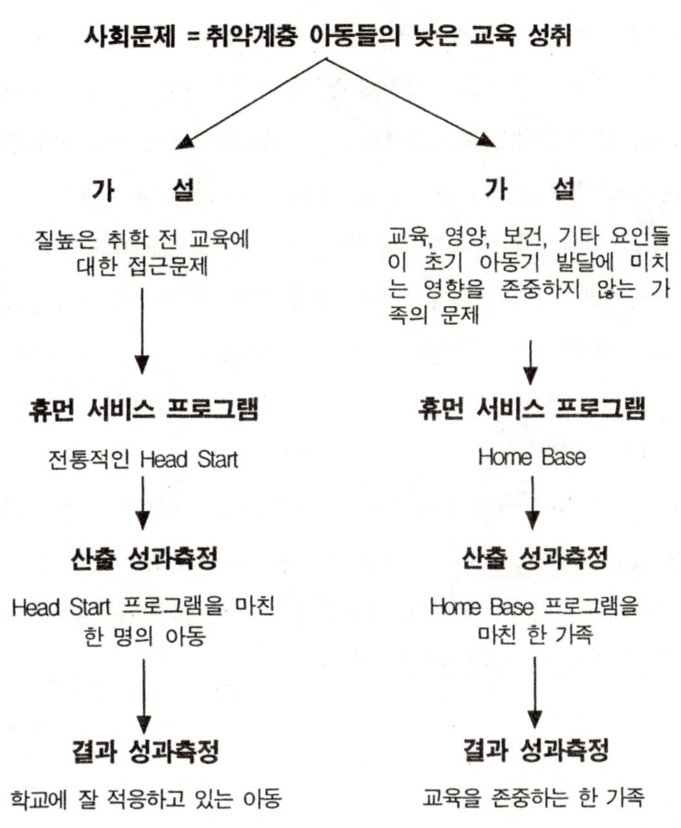

Head Start'이고, 두 번째 프로그램은 '가정에 기반(Home Base)'한 것
이었다. 이 휴먼서비스 프로그램 모두는 공통의 사회문제(취약계층 아동들
의 낮은 교육 성취)를 다루는 것이었으나 그 원인에 대한 가설은 상이했다.
전통적인 Head Start프로그램은 낮은 교육성취가 질적인 취학전 교육

을 시킬 여유가 없거나 접근할 수 없는 저소득 가족들의 무능력의 결과라고
가정했다. Home Base프로그램은 낮은 교육성취는 가족들이 교육을 존중
하지 않거나 교육적인 성취와 좋은 영양, 건강 유지, 양육 기술간의 관계를
중시하지 않았기 때문이라는 가정에 근거한다. 두 가지 프로그램에 대한 성
과측정을 개발하면서, 전통적인 Head Start프로그램은 개별 아동에게 책
임 있는 정보를 제공하는 것이 가장 유용한 성과라는 데 합의했고, Home
Base프로그램의 경우는 가족에게 책임 있는 정보를 제공해야 가장 유용하
다는 것이 명백해졌다. [그림 3.4]는 이에 대한 성과측정을 나타낸 것이다.
물론 측정 목적을 보다 세련되게 다듬을 필요는 있다. 품질 성과측정은 개
발되지 않았다. 왜냐하면 당시 프로그램의 질에 대한 중요성이 그다지 알려
지지 않았기 때문이다.

이러한 예들은 규명된 사회문제와 프로그램에서 다루고 있는 사회문제
원인에 대한 가설을 휴먼서비스 프로그램과 연결시키는 것이 중요하다는
것을 나타내고 있다. 제4장에서는 다시 성과측정을 개발하는 내용으로 돌아
가 산출 성과측정에 대해 논의할 것이다.

제**4**장

산출 성과측정

작은 사업체라도 운영해 본 사람이라면 누구나 산출 성과측정이 얼마나 중요한지를 알고있다. 식당 운영자는 판매한 식사의 수를 계산한다. 주유소 운영자는 그들이 공급한 휘발유의 양을 계산한다. 택시업체의 운영자는 택시를 운행한 횟수를 계산한다. 이러한 산출 성과측정은 그 사업체의 운영자가 얼마나 서비스를 잘 제공하고, 제품을 잘 판매하고 있는지에 관한 것이다. 산출 및 산출 성과측정을 투입(사업비용)과 비교할 때, 그 결과로 발생하는 생산성 비율은 그 사업체의 상대적인 효율성을 측정한 것이다. 산출 및 산출 성과측정은 휴먼서비스 프로그램에서도 동일한 기능을 한다.

1. 산출 성과측정은 무엇인가?

하나의 시스템(또는 휴먼서비스 프로그램)이 생산하는 모든 것을 산출이라고 넓게 정의할 수 있다(Swiss, 1991). 산출 성과측정은 시스템이 생산

[표 4.1] 산출 성과측정 유형들

1. 중간산출
   최종산출물을 생산하기 위해 생산되고 소비되는 제품 및 서비스

2. 최종산출
   휴먼서비스 프로그램의 마지막 생산물

하는 산출의 유형과 양에 대한 정보를 말한다.

[표 4.1]이 보여주듯이, 하나의 시스템과 휴먼서비스 프로그램은 두 가지 유형의 산출(중간산출과 최종산출)로 구성되며, 따라서 두 가지 유형의 산출 성과측정이 필요하다. 최종산출은 시스템이나 휴먼서비스 프로그램의 마지막 생산물이다. 중간산출은 최종산출을 생산하는데 소비되는 제품 및 서비스이다.

휴먼서비스 프로그램에서 최종산출과 최종산출 성과측정은 클라이언트에 초점을 두며, 중간산출과 중간산출 성과측정은 서비스에 초점을 둔다. 다음에 나오는 입양프로그램의 예는 산출 성과측정의 유형 두 가지 모두 휴먼서비스 프로그램에서 왜 중요한지를 명확하게 하는데 도움을 줄 것이다.

입양프로그램은 두 가지 활동, 즉 ① 입양하는 부모와 아동의 배치 ② 예상되는 입양 부모에 대한 심사 및 사정과 관련된다. 입양프로그램의 최종산출 또는 마지막 생산물은 한 명의 입양된 아동이다. 중간산출 또는 서비스의 측정과/또는 하나의 최종산출을 낳는데 소비되는 생산물은 심사와 사정 방문이 이루어진 횟수이다. 만약 그 프로그램이 예상되는 입양 가족에게 다섯 번의 심사와 사정방문을 하고 결과적으로 한 아동을 그 가족에게 배치했다면, 그 프로그램은 하나의 최종산출과 다섯 가지의 중간산출을 생산한 것이다.

[표 4.2] 휴먼서비스 프로그램 산출 성과측정의 유형들

중간산출	최종산출
서비스 단위	서비스 완료

만약 그 입양프로그램이 입양된 아동들의 숫자만 계산한다면, 실제 마지막 결과를 얻기 위해 요구되는 활동의 양(중간산출)은 설명되지 않을 것이다. 반대로 만약 그 입양 프로그램이 심사와 사정 방문의 횟수만 계산한다면, 이러한 모든 활동이 낳은 실제 입양의 수(최종산출)는 설명되지 않을 것이다. 하지만 결합된다면 중간 및 최종산출 성과측정은 입양프로그램의 포괄적인 그림을 제공하게 된다.

중간산출과 최종산출 성과측정은 휴먼서비스 영역에서 새로운 개념은 아니다. [표 4.2]에서 볼 수 있듯이, 중간산출 성과측정이 서비스 단위(unit of service)로 알려져 있는(Bowers & Bowers, 1976; Kettner et al., 1990) 반면, 최종산출 성과측정은 서비스 완료(service completions)로 알려져 있다(Ables & Murphy, 1981; Kettner & Martin, 1993).

2. 중간산출 성과측정의 개발

대부분의 휴먼서비스 프로그램 행정가는 십중팔구 서비스의 단위를 잘 알고 있다. 서비스의 단위라는 용어는 적어도 1970년대 초 이후에 나왔다. 이 기간에 주 정부의 서비스 구매 계약 과정에서 그 당시 연방 정부의 보건·교육·복지성으로부터 중간산출 성과측정의 활용에 대한 연구를 위탁받았다. 그 결과 '정의하기 어려운 서비스 단위(The Elusive Unit of Service)'라는 제목으로 최종 보고서를 제출하였다(Bowers & Bowers, 1976). 이 용어는 중간산출 성과측정의 또 다른 이름으로 휴먼서비스 사전에 포함되었다.

서비스 단위에 대한 정의

서비스 단위는 얼마나 많은 서비스를 휴먼서비스 프로그램이 제공하는지를 결정하고 보고하기 위해 사용하는 표준화된 척도이다. 다른 말로 하면 서비스 단위는 프로그램, 즉 특정 서비스 양을 측정한 것이다. 휴먼서비스는 매우 다양한 프로그램을 포함한다. 주간보호(아동과 성인), 상담, 부모훈련, 레크리에이션, 직업 훈련 및 기타 프로그램들을 포함하여, 휴먼서비스 범주에 포함되는 모든 프로그램은 서비스 양을 측정해야 하며, 그것으로부터 이득을 얻을 수 있다. 이러한 이유로, 상이한 서비스 단위 유형들 또는 중간산출 성과측정이 개발되어 왔다.

서비스 단위 유형

서비스의 단위는 세 가지 상이한 방법으로 측정되는데 ① 상황(에피소드) 또는 접촉 단위, ② 물질 단위, ③ 시간 단위이다(Bowers & Bowers, 1976; Kettner & Martin, 1993).

[표 4.3]은 세 가지의 일반적인 휴먼서비스 프로그램(정보제공 및 의뢰, 가정배달 식사 그리고 상담)에서 활용되고 있는 세 가지 서비스 단위 유형을 제시하고 있다.

[표 4.3] 세 가지 서비스 단위의 유형들

서비스	서비스의 단위
정보제공 및 의뢰	한 건의 접촉 또는 의뢰(접촉 또는 상황)
가정배달 식사	한 끼의 식사 (물질)
상담 서비스	한 시간(시간)

서비스 상황 또는 접촉 단위는 사회복지사와 클라이언트가 1회 만난 것으로 정의된다. 이는 클라이언트와의 만남 내용이 중요할 때 사용되는 것으로 이런 경우 실제 접촉 시간은 중요하지 않다.

물적인 서비스의 단위는 클라이언트에게 제공되는 유형의 자원으로 식사, 식품교환권, 의류, 현금, 처방 등과 같은 항목들을 포함한다. 물질 단위는 개별 단위들 간에 존재할 수 있는 편차 때문에 세 가지 서비스 단위 유형들 중에서 일반적으로 가장 정확하지 않다고 간주된다. 예를 들어, 각 '식품교환권'을 어떻게 사용하느냐에 따라 각각 그 품목의 수가 매우 다양할 수 있음에도 불구하고, 각각의 식품교환권은 여전히 동일한 서비스 단위로 계산된다.

시간 단위는 개별 휴먼서비스 프로그램의 필요에 의존하기 때문에 분, 시간, 일, 주, 또는 월로 표현할 수 있다. 시간 단위는 그것이 표준화된 증가량으로 표현되기 때문에 세 가지 서비스 단위 유형 중 일반적으로 가장 정확하다고 간주된다. 시간이 서비스의 단위로 사용되면, 시간이 단지 클라이언트 접촉 시간을 가리키는 것을 나타내는지 또는 지원 활동 시간(예, 서류 완성, 클라이언트 회의에 참여, 기타 등등) 까지도 포함하는지에 대해 명확히 하는 것이 중요하다. 또한 상이한 시간 단위는 처음에는 아주 명백하지 않을지도 모르는 상이한 비용을 포함하고 있다. 이에 대한 사례로, 아리조나주의 아동보육 서비스에서 서비스 시간 단위를 선택한 경우를 소개한다.

아동보육 서비스에서의 서비스 단위 개발

1970년대 후반에, 아리조나주는 복지 대상자들을 위해 아주 유용한 아동보육 서비스를 만들기로 결정했다. 이러한 목표는 민간 아동보육센터와 계약함으로써 이루어졌다. 취지를 보고하는 것 뿐 아니라 계약 과정에서도 아동보육 서비스에 대한 서비스 단위가 요구되었다. 적절한 서비스 단위를 결정하기 위해 특별 전문위원회가 구성되었다. 이 전문위원회는 주 정부 복지부 직원, 아동보육센터 운영자, 그리고 그 외 다른 관계자들을 포함했다.

아동보육센터 운영자들은 한 아동이 단 한 시간 동안 또는 완전한 8시간 동안 보호받는 것에 상관없이 서비스의 단위가 하루가 되기를 원했다. 주 정부의 복지부 직원들은 주 정부가 한 아동이 실제로 보호받는 시간의 양에 대해서만 지불하도록 서비스 단위를 1시간으로 하기를 원했다. 아동보육센터 운영자들은 서비스 단위로 1시간을 사용하는 것이 결과적으로 귀찮고 불필요한 서류작업이 될 것이라고 주장했다. 그래서 합의된 서비스의 단위는 결국 하루였지만, 최종적으로 하루는 4~5시간 이상의 보호로 정의되었다. 더 적은 양의 보호는 서비스의 단위로 간주되지 않았으며 보고되거나 계산되지 않았다.

서비스 단위의 선택

휴먼서비스 프로그램에서 서비스 단위를 선택하는 것은 다음의 세 단계 과정을 따르게 된다.

□ 1단계

휴먼서비스 프로그램에 포함되는 관계자들 중에서 대표가 되는 표적 집단이나 위원회를 소집한다.

□ 2단계

상황과 접촉 단위, 물질 단위, 그리고 시간 단위를 포함해서 상이한 서비스의 단위에 대해 격이 없이 토의한다. 이러한 접근방법은 종종 잠재적으로 더 유용한 서비스 단위를 확인할 수 있도록 해준다. 집단 성원들은 다른 주에서 개발한 기존의 휴먼서비스 분류법을 참고할 것이다. 이러한 분류법은 일반적으로 권장되는 서비스의 단위를 포함한다. 아리조나주의 휴먼서비스 분류법(Arizona Department of Economic Security [ADES], 1988)이 권장하는 서비스 단위의 표본은 이 장 마지막에서 부록으로 제시할 것이다.

□ 3단계

다음에 나오는 다섯 가지 기준, 즉 유용성, 정확성, 실행가능성, 단위비용보고, 그리고 합의에 따라서 각각의 권장된 서비스 단위를 평가한다.

1. **유용성** : 이 기준은 발생된 정보가 유용하고 적절하다고 간주되는 정도를 말한다(Millar & Millar, 1981). 유용성은 관계자들에게만 의미를 갖는다(Nurius & Hudson, 1993). 제3장에서 논의한 대로, 가장 유용한 서비스의 단위는 휴먼서비스 프로그램, 그 프로그램이 다루는 주어진 사회문제의 특징, 그리고 그 사회문제에 대한 가설에 대해서 관계자들에게 가장 적절한 정보를 제공하는 것이다. 유용성은 여기에서

목록으로 제시한 다섯 가지 중 아마도 가장 중요한 기준이 될 것이다 (Wholey & Harty, 1992).

2. 정확성 : 일반적으로 서비스의 단위가 더 정확하면 정확할수록 휴먼서비스 프로그램에서 발생하는 정보도 더 정확하다. 정보의 단위에서 정확성에 대한 필요는 인정되지만, 세 번째 기준과 대조되어야 한다.

3. 실행가능성 : 실행가능성 기준은 서비스 자료의 단위를 수집하고 보고하기 위해서 프로그램 담당자에게 요구되는 시간과 노력을 나타낸다. 예를 들어, 1시간과 대조하여 서비스 시간 단위를 15분으로 할 경우, 이는 프로그램 진행자가 많은 자료를 1시간 단위였을 때보다 세 번 더, 즉 총 네 번을 수집하고 보고해야 한다는 것을 의미한다. 동일한 맥락에서 만약 노숙자 쉼터에서 주민들의 의류를 보다 유용하게 사용한다면, 물적 서비스의 단위(하나의 의류 품목)를 사용하여 자료를 수집하는 것은 서비스의 접촉 단위(의류 센터를 방문하는 한 명의 거주민)를 사용하여 자료를 수집하는 것보다 더 많은 시간과 노력이 필요하다.

4. 단위비용보고 : 단위비용(서비스 한 단위를 제공하기 위해서 얼마나 많은 돈이 드는가)은 손익분기점 계산, 수입, 비용 및 담당건수의 예상, 그리고 서비스 구매 계약을 포함한 휴먼서비스 프로그램에서 다양한 목적을 위해 사용된다. 요구되는 단위비용 자료를 얻기 위한 상이한 서비스 단위의 상대적인 능력은 특정 유형의 선택에 영향을 미칠지도 모른다.

5. 합의 : 휴먼서비스 프로그램의 관계자들은 그들이 동의한 서비스의 단위를 수집하고, 보고하고, 사용하고, 존중할 것이라는 합의에 이른다. 서비스 단위는 특정 휴먼서비스 프로그램의 모든 운영자들이 동의하는 공통의 언어가 되어야 한다.

[표 4.4] 성인주간보호 서비스 단위에 대한 4분기 보고서

성인 주간 보호 서비스	1,000일
서비스 구성요소들	
1. 교통	교통순회 1,900회
2. 식사	식사 900건
3. 사회화와 레크리에이션	5,200시간
4. 건강 검진	200회의 검진

서비스 단위와 서비스 프로그램

어떤 휴먼서비스 프로그램은 복합적인 서비스로 구성된다. 성인주간보호가 좋은 예이다. 성인주간보호 프로그램은 교통편, 집단 급식, 사회화와 레크리에이션, 건강, 그리고 기타의 것들을 포함할 수 있다. 성인주간보호에 있어서 서비스 단위는 예를 들어, 하루와 같이 시간 단위에 기초할 수 있다. 서비스 시간 단위를 기초로 할 때, 만약 20명의 노인들이 일주일 동안 다섯번 프로그램에 참여했다면, 그 프로그램의 일주일 동안의 서비스 단위 또는 중간산출은 100이 된다. 그러나 이러한 서비스의 단위(하루)는 실제로 성인주간보호 프로그램이 실제로 무엇을 하는지에 대해서는 다양한 정보를 알려주지 않는다.

[표 4.4]는 다양한 서비스 요소들이 개별적으로 확인되고 보고될 때 성인주간보호 프로그램에서 서비스 단위, 또는 중간산출 성과측정 보고가 어떻게 나타나는지를 보여준다. 이제 서비스 단위, 또는 중간산출 성과측정은 책임성 관점뿐만 아니라 의사소통 수단으로도 사용된다. 이러한 방법으로 서비스 단위를 사용할 경우 부가적으로 얻을 수 있는 장점은 현재의 성인주간보호센터 행정가가 계획을 세우고 예산을 세울 목적에 활용할 수 있는,

프로그램에 관한 보다 중요한 많은 정보를 얻을 수 있다는데 있다.

3. 최종산출 성과측정

사업체는 그 사업체를 자주 이용하는 고객의 수(서비스 접촉 단위)를 측정하는 것만으로 상대적으로 효율적이거나 생산적일 수 있지만, 만약 이러한 고객들이 전혀 구매하지 않는다면 상대적으로 비효율적이거나 비생산적이 될 것이다. 마찬가지로 휴먼서비스 프로그램이 서비스의 단위 또는 중간산출 성과측정 결과에만 의존하여 많은 서비스의 양을 제공한다면 상대적으로 효율적이거나 생산적일 수 있지만, 만약 어떠한 클라이언트도 치료 과정을 완료하지 못한다면 상대적으로 비효율적이거나 비생산적일 수 있다. 중도포기율(dropout rates)이 높은 휴먼서비스 프로그램은 성취된 결과를 볼 때 비용이 많이 드는 경향이 있다. 다양한 프로그램 이해 관계자들(시민, 공무원 그리고 정부의 자금지원기관들)은 종결률에 대해서 상당히 의문을 갖고 있다. 따라서 휴먼서비스 프로그램은 최종산출 성과측정 또는 서비스 완료의 효율성 또는 생산성, 책임성에 대한 정보를 제공할 필요가 있다.

서비스 완료의 정의

서비스 완료 또는 최종산출 성과측정은 한 명의 클라이언트가 치료를 완료하거나 완전한 서비스의 전량을 받는 것으로 정의할 수 있다(Ables & Murphy, 1981; Kettner & Martin, 1993; Kettner et al., 1990). 서비스 완료의 개념은 오랫동안 의료 분야에서 사용되어 왔으나 휴먼서비스 프로그램에서는 그렇게 널리 사용되지 않았다. 의료 실천에서 의사는 회복에 영향을 미치는 치료를 위해 일정 기간을 설정하는 것이 필수적이라고 고려하기 때문에, 그러한 맥락에서 특정약물 치료를 10일 이라는 기간을 정하여 처방하게 된다. 결과적으로 만약 환자가 5일만에 약물치료를 받는 것을 그만둔다면, 회복에 영향을 미칠 것이라는 어떠한 기대도 존재하지 않는다. 유추해 보면 만약 휴먼서비스 프로그램의 클라이언트가 치료를 완료하지 않거나 완전한 서비스의 전량을 받지 않는다면, 그 치료가 효과가 있을 것이라는 어떠한 기대도 존재하지 않기 마련이다. 예를 들어, 학대와 방임하는 부모의 양육기술훈련 프로그램 사례를 보자. 만약 훈련프로그램이 10회의 과정으로 이루어진다면, 그리고 10회 모두가 학대와 방임의 행동을 변화시키는데 필수적이라고 간주된다면, 클라이언트가 완전히 10회 과정을 완료했는지를 아는 것은 중요하다.

서비스 완료의 개발

[표 4.5]에서 불 수 있듯이 서비스 완료를 결정하는 두 개의 접근방법, 즉 ① 표준화된 접근방법과 ② 사례계획 접근방법이 존재한다. 적절한 접근방법을 선택하는 것은 치료나 서비스가 표준화되어 있는지 아니면 변하기 쉬운지에 달려있다.

표준화된 접근방법에서 클라이언트는 치료를 완료하기 위해 최소한 정해진 양의 서비스를 받아야 한다. 이러한 관점에서만 서비스 완료에 대한 보고 또는 최종산출을 기술하는 기록이 가능하다. 우선 중간산출(서비스 단위)은 치료를 완료하거나 완전한 서비스의 전량을 받는데 필요한 최소의 정해진 서비스의 양을 결정하는데 다소 도움이 될지도 모른다. 예를 들어, 서비스 시간 단위(예, 시간, 일, 주, 그리고 월)를 사용하는 휴먼서비스 프로그램에서 클라이언트가 프로그램을 완료하거나 완전한 서비스의 전량을 받기 위해 얼마나 많은 단위가 요구되는가? 둘째, 상황이나 서비스의 접촉 단위를 사용하는 휴먼서비스 프로그램에서도 동일한 질문을 할 수 있다. 예를 들어, 약물중독 극복을 위해 설계된 집단상담 프로그램을 보자. 클라이언트가 그 프로그램을 완료하거나 완전한 서비스의 전량을 받기 위해서 얼마나 많은 과정(회수)이 요구되는가? 마지막으로 물적 서비스 단위를 사용하는 휴먼서비스 프로그램에서도 동일한 질문을 할 수 있다. 예를 들어, 클라이언트가 이 프로그램을 완료하거나 완전한 서비스의 전량을 받기 위해서 얼마나 많은 양의 메타돈이라는 약을 처방 받아야 하는가?

최종산출 성과측정 또는 서비스 완료를 개발하는 두 번째 접근방법은 사례계획이다.

많은 휴먼서비스 프로그램은 표준화된 서비스의 양 또는 클라이언트가 치료를 완료하기 위해 받아야 하는 최소의 서비스의 양을 가지고 있지는 않다. 예를 들어, 상담 프로그램에서 어떤 역기능적인 가족을 치료하기 위해, 즉 그 치료 프로그램을 완료하거나 서비스의 완전한 종료를 받기 위해, 20회 또는 30회의 상담이 필요할지도 모르는 반면, 덜 심각한 문제를 가진 다른 가족은 그 와 비교할 때 상당히 적은 횟수의 상담이 필요할지도 모른다. 마찬가지로 심각한 정서장애를 갖고 있는 청소년은 몇 년의 입원 치료가 필요할지 모르지만, 그렇지 않은 다른 청소년은 단지 짧은 기간이 필요할지도 모른다. 이와 같은 각 상황에서는, 서비스 완료를 한 명의 클라이언트가 개별적인 사례 계획을 완료하는 것으로 생각하는 것이 더 유용할지 모른다. 한 명의 클라이언트가 하나의 사례 계획을 완료했을 때 서비스의 완전한 종결이 제공된 것이고 클라이언트를 위해 서비스 완료가 기록된다.

사례계획 접근방법은 또한 장기간 치료를 받을 것으로 예상되는 만성 정신질환자나 발달장애인을 위한 사례관리 같은 휴먼서비스 프로그램에도 적용될 수 있다. 이 때 장기간의 사례관리 서비스는 몇 년간의 치료를 지시하기보다는 오히려 3개월 동안 지속하는 불연속적인 상황들로 나누어진다. 사례관리 서비스 3개월 후, 클라이언트는 서비스의 완전한 종결을 받은 것이고, 클라이언트에 대한 서비스 완료로 기록된다.

일부 휴먼서비스 프로그램에서는 클라이언트가 거의 또는 전혀 중간에 퇴소할 것을 예상하지 않은 채 프로그램에 참여할 수도 있다. 전문 요양 서비스 같은 시설보호 프로그램이나 대안적인 장기 재가보호 서비스 같은 프로그램을 예로 들 수 있다. 이 같은 휴먼서비스 프로그램은 서비스의 완료를 결정하는데 사례계획 접근방법을 사용할 수 있다. 클라이언트가 아마도 퇴소를 예상하지 않고 장기간 보호를 받을지도 모른다고 하더라도, 대상자 요건을 재결정할 때 또는 보호에 대한 재사정이 필요하거나 요구되는 시점에 이르게 된다. 재결정 또는 재사정은 클라이언트가 서비스의 완전한 종결을 받았고 클라이언트에 대해서 서비스 완료가 기록되는 휴지점(break point)으로 간주될 수 있다.

서비스 완료와 클라이언트 결과

서비스의 완료는 최종산출 성과측정을 제공하는 것 외에 결과 성과측정에도 역할을 한다. 일반적으로 결과 성과측정은 치료를 완료하거나 서비스의 완전한 종료를 받는 클라이언트에 대해서만 사정한다. 이러한 가설은, 앞서 논의된 의료실천의 예에서 유추한 내용을 또 적용할 수 있을 것이다. 여기에는 휴먼서비스 프로그램이 치료를 완료하지 않거나 서비스의 완전한

[부록] 휴먼서비스 프로그램의 서비스 단위 목록

서비스	단 위
입양	입양 한 건
옹호 서비스	직원 시간 60분[1]
사정 서비스	사정 한 건
사례 관리	직원 시간 60분[1]
상담 서비스	직원 시간 60분[1]또는 접촉 한 건
위기 전화상담	접촉 한 건
위기 개입	쉼터 거주 일[2]과 상담 한 건
재난대비 및 구조	사례 하나
에너지 원조	제공받은 가족 하나
재정 원조	지불 한 건
식품교환권	제공받은 가족 하나
위탁 보호	서비스 시간 한 달
가정건강 보조	서비스 시간 60분[1]
집 수리/개조/복구	수리하고, 개조하고, 복구된 주택 하나
정보제공 및 의뢰	요청 한 건
통역 서비스	직원 시간 15분
직업 개발과 배치	보조금이 지급되지 않는 직장에 배치 한 건
직업 훈련	서비스 시간 하루[3]
약물치료와 의료 공급	항목 하나
모자 결속 프로그램	한 달
요양보호	하루
양육기술 훈련	서비스 시간 60분[1]
개별적인 동행	동행 1회
쉼터와 슈퍼비전	거주 1일
교통	개인 당 교통순회, 편도 서비스 한 건
방문간호 서비스	서비스 시간 60분[1]
난방공사	난방시설을 갖게 된 주택 하나

출처 : Arizona Department of Economic Security(1988)
주 : 1) 누적되는 것.
　　2) 거주일 하나는 다음과 같이 정의된다. 만약 클라이언트가 어떤 날의 오후 11:59에 서비스를 받고 있다면, 그 날은 완전한 서비스 하루로 간주된다.
　　3) 하루는 24시간 중에 6시간 이상으로 정의된다.

종결을 받지 않은 클라이언트에게 효과적일 것이라는 어떠한 기대도 존재하지 않는다.

서비스 완료 개념에 클라이언트가 결과 성과측정에 포함되어야 한다는 제안은 Rossi와 Freeman(1993)의 포괄적인 측정 개념과 함께 계속되고 있다. Rossi와 Freeman은 만약 그 프로그램이 설계된 대로 이행되지 않는다면 아무도 휴먼서비스 프로그램의 효과성에 대한 타당한 결론을 끌어낼 수 없다는 것을 입증한다. 서비스의 완료는 휴먼서비스 프로그램을 그것이 고안된 의도에 따라 그 프로그램을 경험한 클라이언트와 그렇지 않은 클라이언트를 구별한다. 어떤 프로그램 평가자들은 '서비스 중도탈락자'에 대한 측정자료를 획득하는 것이 중요하다고 주장한다. 이러한 주장은 타당하지만 결과 성과측정 목적에 있어서는 그렇지 않다. 서비스 중도탈락자들에 대한 자료는 휴먼서비스 프로그램의 운영에 유용한 통찰력을 제공하고 중요한 발견과 프로그램을 보다 향상시킬 수 있을 지도 모른다. 그러나 그런 발견과 향상은 이미 치료를 완료했거나 중도에 그만둔 클라이언트에게는 영향을 미치지 않는다.

제**5**장

품질 성과측정

동일한 휴먼서비스 프로그램에 고용된 두 사회복지사의 다음 상황을 고려해 보자. 첫 번째 사회복지사는 시간당 평균 네 명의 클라이언트에게 서비스를 제공했다. 두 번째 사회복지사는 시간당 세 명의 클라이언트에게 서비스를 제공했다. 어느 사회복지사가 더 생산적인가? 책임성에 관한 효율성 관점은 첫 번째 사회복지사임을 시사한다. 그러나 첫 번째 사회복지사가 두 번째 사회복지사보다 실수를 두 배로 한다면 어떻게 되는가? 실수는 수정을 위해 추가적인 시간과 자원을 요한다. 실수는 또한 자격 없는 클라이언트를 선정했기 때문에 수입감소로 나타날 수 있다. 어느 사회복지사가 더 생산적인가? 책임성에 관한 품질 관점에서는 두 번째 사회복지사가 아마도 더 생산적일 것이다(Crosby, 1980, 1985; Deming, 1986; Feigenbaum, 1983; Juran, 1988, 1989).

품질 성과측정은 휴먼서비스 프로그램이 소위 '효율성의 덫'이라는 데에 빠지지 않게 하기 위해 고안되었다. '효율성의 덫'을 운운하면서 질적인 부분을 옹호하는 사람들은, 오직 효율성의 관점에서만 책임성을 강조하는 것은 필연적으로 서비스의 질을 떨어뜨린다고 주장한다. 다시 말해 서비스 품질의 후퇴는 책임감 있는 서비스를 감소시키고, 적절한 서비스를 감소시키며, 더 많은 실수, 더 많은 재작업, 그리고 클라이언트를 비롯하여 프로그램 관계자들의 불평을 증가시킨다. 따라서 더 많은 시간과 자금을 불만 해결에 투여하게 된다. 그리고 결국 전체적인 생산성을 떨어뜨린다.

1. 품질이란 무엇인가?

품질의 개념은 정확하게 정의 내릴 수 없는 많은 차원들로 이루어졌다. 새 자동차나 휴먼서비스 프로그램에 대해 그 품질을 측정하는 데 의견이 다른 것은, 품질을 과연 무엇으로 보는가에 관한 관점에 차이가 있기 때문이다. 광범위한 의미까지 포괄할 때, 품질은—아름다움과 같이—구경꾼을 현혹시킨다. 왜냐하면 품질이 갖고 있는 상대적인 특성 때문에 품질을 무엇으로 구성할 것인지 최종적인 중재자가 필요하다. 품질 관리라는 관점에서 대부분 소비자가 마지막 중재자로 간주된다. 왜냐하면 소비자가 바로 사업의 근간이 되기 때문이다(Crosby, 1980, 1985; Deming, 1986; Juran, 1988, 1989).

휴먼서비스 프로그램은 두 종류의 최종 중재자를 갖는다. ① 클라이언트, 그리고 ② 기타 프로그램 관계자들이다. 두 종류의 최종 중재자가 있다는 것은 품질 성과측정이 두 부류의 시각을 통합해야 함을 의미한다. 다행히 성과측정은 이러한 과제를 달성하기에 충분히 융통성이 있다.

품질의 개념은 복합적이고 다차원적이기 때문에, 품질 성과측정을 개발하기 전 두 가지의 초기 장애물들을 극복해야만 한다.

[표 5.1] 품질의 차원(범주)

범주	정 의
접근성(Accessibility)	프로그램에 접근하거나 획득하기 쉽다
확실성(Assurance)	프로그램 실무자는 친근하고, 정중하고, 사려 깊고, 박식하다.
의사소통(Communication)	프로그램 정보는 간단하고 이해할 수 있는 언어로 되어있다.
자격여부(Competency)	프로그램 실무자는 필수적인 지식과 기술을 소유한다.
준수성(Conformity)	서비스는 기준을 충족한다.
정중성(Courtesy)	프로그램 실무자는 클라이언트를 존중한다.
결핍성(Deficiency)	프로그램은 특성 또는 기본요소를 맞추지 못한다.
지속성(Durability)	프로그램 성과 또는 결과가 유지된다.
감정이입(Empathy)	프로그램 실무자는 클라이언트 욕구를 개별적으로 이해한다.
인격성(Humaneness)	프로그램은 클라이언트의 존엄과 자존감을 보호한다.
수행성(Performance)	프로그램은 목적을 성취한다.
신뢰성(Reliability)	프로그램은 클라이언트간에 또는 시간이 경과되면서 발생할 수 있는 변화를 최소화하고 신뢰하는 방법으로 운영된다.
즉응성(Responsiveness)	프로그램은 적시에 전달된다.
안전성(Security)	프로그램은 손해와 위험의 염려가 없는 안전한 장에서 제공된다.
가시성(Tangibles)	시설·능력·직원의 외형, 프로그램 전달과 관련된 출간물이 적절하다

출처 : Adapted from Martin(1993)

그 두 개의 장애물은 ① 품질의 다양한 범주 정의하기, ② 그 중 가장 중요한 것을 결정하기이다. 휴먼서비스 프로그램의 종합적 품질 관리를 다루는 최근의 저서(Martin, 1993)에서는 일반적으로 인식된 열 다섯 개의 품질에 대한 범주를 정의하고 있다([표 5.1] 참고).

이들 다양한 모든 품질 차원의 범주 중에서 휴먼서비스 프로그램에 있어 어떤한 것이 가장 중요할까? 서비스 품질에 대한 최근 연구에서 뿐만 아니

[표 5.2] 등급 순위 5위 내의 중요 품질 차원

범주	중요도
신뢰성	32
즉응성	22
확실성	19
감정이입	16
가시성	11

출처 : Adapted from Zeithaml, Parasuraman, and Berry(1990, p. 27)

라, 연방정부의 품질관리 지침에서는 이러한 질문에 대한 다소의 지침을 제
공하고 있다.

서비스 품질에 대한 주요한 조사에서 연구자는 소비자, 더욱 확장하여 휴
먼서비스 프로그램의 클라이언트까지 포함하여, 다양한 서비스 형태에도 불
구하고 그들이 가장 중요하게 생각하는 공통의 품질 범주를 발견했다
(Zeithaml, Parasuraman, & Berry,1990). 각 범주를 등급으로 나누고
각각의 중요도(부담, 중요성)에 있어서 보다 선호하는 품질 차원을 하나의
세트로 정리한 것이 [표 5.2]이다. 이 목록에서 가장 우선 순위를 차지하는
두 가지 품질 차원은 신뢰성과 즉응성이다.

품질의 범주에서 신뢰성은 클라이언트의 질적인 기대를 어떻게 항상 만
족시킬 수 있느냐에 달려있다. 예를 들어, 만일 휴먼서비스 프로그램에서
클라이언트가 중요하게 여기는 품질 범주로 확실성과 감정이입을 든다면,
개별적인 접촉에서 직접적으로 프로그램 실무자가 보여주었던 확신과 감정
이입의 신뢰성 또한 기대할 것이다. 신뢰성은 휴먼서비스 프로그램에서 과
연 무엇을 의미하는가? 신뢰성은 일관된 방식으로 제공하는 서비스를 의미
한다. 즉 항상 친근하고, 정중하고, 사려 깊은(확실성), 그리고 항상 클라이

언트 욕구를 이해하고자 시도하는(감정이입), 또 항상 이해할 수 있는 언어로 클라이언트와 이야기하는(전달) 일 등을 들 수 있다.

휴먼서비스 프로그램이 확실한 방식으로 운영될 때, 이러한 범주 내에서 질적인 판단을 갖고 있는 클라이언트는 서비스 품질을 높게 평가하려는 경향이 있다. 휴먼서비스 프로그램이 불확실한 방식으로 운영될 때, (예를 들면, 외견상 뚜렷한 이유 없이 너무 많이 변화하는 등) 이런 범주를 갖고 질적인 판단을 하는 클라이언트는 당연히 서비스 품질을 낮게 평가할 것이다. 클라이언트에게 신뢰성은 얼마나 중요한가? 100점 중 32점의 점수를 획득한 신뢰성은 어떠한 다른 품질 범주 보다 가장 중요하다.

두 번째 매우 중요한 품질의 범주는 즉응성 또는 시의적절성이다. 이는 대기기간을 최소화하면서 서비스를 제공하는 것을 의미한다. 때때로 일정 '주기'로 간주되는 대기기간은 클라이언트가 필요로 하거나 원할 때와 서비스가 실제로 제공되었을 때 사이의 경과된 시간을 말한다.

대기 기간 혹은 주기는 단지 육체적인 기다림뿐만 아니라, 모든 형태의 기다림을 의미한다.(예를 들면, 식품교환권 신청이 처리되기까지의 기다림, SSI의 승낙을 받기까지의 기다림, 아동보육 증서가 발행되기까지의 기다림, 사례관리자가 다시 연락할 때까지의 기다림 등) 서비스가 즉응성 또는 시의적절하게 일정한 방식으로 제공되었을 때, 위의 범주를 바탕으로 질적인 판단을 내리는 클라이언트는 서비스 품질을 높게 평가할 것이다.

이처럼 품질의 다양한 범주를 다른 관점에서 중요하게 여기고 보다 확실하게 강조하는 것은 연방정부에 의해서이다. 품질 성과측정을 개발하는 데 있어서 HHS, HUD, DOL을 포함하는 연방정부 부서들은 품질, 주기, 그리고 클라이언트 만족도를 포함하는 균형 있는 채점표 작성을 장려하고 있다(Federal Accounting Standard Advisory Board [FASAB],

1994).

외관상으로 연방정부는 즉응성 또는 시의적절성을 가장 중요한 범주로 보고 있는 것 같다. 왜냐하면 많은 범주들 중 즉응성 하나만을 특별히 언급하고 있기 때문이다. 다른 모든 범주는 단순히 '품질'이라고 불리는 일반적인 범주 속에 함께 총괄되어 있다. 클라이언트 만족도에 대한 참고사항 또한 흥미롭다. 연방성은 품질 성과측정이 최소한 클라이언트의 피드백 내용에 기초하기를 분명하게 장려하고 있다. 품질과 생산성 개선을 위한 대통령의 선언 (President's Award for Quality and Productivity Improvement) 내용에서 언급했듯이, 연방행정부가 적용대상을 개발하는 과정으로, 연방품질협회(Federal Quality Institute: FQI)에서 품질을 측정하는 표준을 개발했다. FQI(1990)에서 개발한 표준을 보면 특별히 주기와 클라이언트 만족도를 언급하고 있다.

휴먼서비스 프로그램에서 품질 성과측정을 개발하고 사용하기 위해 전술한 논의들은 어떤 점들을 시사하고 있는가? 첫째, 경험적으로 다음과 같은 내용을 시사한다. 최소한 휴먼서비스 프로그램은 프로그램의 신뢰와 즉응성 또는 시의적절성에 관한 정보를 얻을 수 있는 품질 성과측정을 채택하는 것을 고려해야 할 것이다. 둘째, 휴먼서비스 프로그램, 특히 연방기금을 받고 있는 프로그램은 최소한 클라이언트 만족도에 관한 정보를 제공해 주는 품질 성과측정에 기초해야 함을 고려해야 한다.

2. 품질 성과측정 유형

[표 5.3]에서 언급되듯이 품질 성과측정을 개발하는 데에는 두 가지 기

[표 5.3] 품질 성과측정의 두 가지 유형

---

1. 품질 범주에 의한 산출
   a. 초 점 : 서비스 품질
   b. 자료원 : 기관 기록

2. 클라이언트 만족도
   a. 초점들 :
      ① 서비스 품질, 그리고/또는
      ② 서비스 결과, 효과 영향, 또는 이익들
   b. 자료원 : 클라이언트 만족도 조사

본 접근방법이 있다. ① 품질 범주에 의한 산출 접근방법 그리고 ② 클라이언트 만족도 접근방법이다. 이들 두 접근방법은 서로 다른 초점들을 갖고 있으며, 사로 다른 원천에서 품질 성과측정 자료들을 수집한다. 초점에 있어서 품질 범주에 의한 산출 접근방법은 단지 유일하게 서비스 품질만을 염두에 두는 것처럼 보인다. 다른 관점에서 클라이언트 만족도 접근방법은 서비스 결과, 영향, 또는 성취 혹은 그 모든 것에서의 서비스 품질을 보여줄 수 있다(Millar & Millar, 1981). 자료의 원천이 무엇이냐에 있어서 품질 범주에 의한 산출 접근방법은 기관의 기록에서 얻은 자료에 기초하는 반면, 클라이언트 만족도 접근방법은 클라이언트 만족도를 조사한 자료에 기초하게 된다.

품질 범주의 산출 접근방법

품질 범주의 산출 접근방법은 나아가 품질 범주들을 포함하는 광범위한 중간산출 성과측정(서비스 단위)을 포함한다. 이러한 과정이 실제보다 훨씬 더 복잡한 것처럼 들릴지 모르지만 단지 세 단계 과정만이 요구된다. 첫 번째 두 단계는 클라이언트와 그 외 관계자들의 관점과 의견을 고려하는 과정으로 이루어진다. 이는 산출 성과측정 개발에 관해 4장에서 제안했던 초점집단 과정을 보다 연장함으로써 가장 잘 성취될 것이다.

- 1단계 : 활용할 품질 범주 선택하기
- 2단계 : 휴먼서비스 프로그램의 특징들을 규명하는 품질 범주 관련짓기
- 3단계 : 산출 성과측정을 조정하는 품질 범주와 결합시키기

몇몇 사례들은 이들 각 단계를 이해하는 데 도움을 줄 것이다. 연속성(신뢰성)의 목적을 위해 세 가지 휴먼서비스 프로그램들, 즉 정보제공과 의뢰, 가정배달 식사서비스, 그리고 상담서비스가 제4장의 중간산출 성과측정 예로 활용되었던 것처럼 이 과정에서도 다시 활용할 것이다.

□ 1단계 : 품질 범주 선택하기

대부분 휴먼서비스 프로그램은 최소한 신뢰성과 즉응성 또는 시의적절성이라는 품질 범주를 선택하기 원할 것이다. 그 외 다른 범주들(예를 들어 확실성, 자격여부, 감정이입, 가시성 등)을 선택하는 것은 휴먼서비스 프로그램의 유형이나 또는 클라이언트와 그 외 관계자들의 선호에 따라 크게 달라질 것이다.

□ 2단계 : 품질 범주 해석하기

각각의 품질 범주들은 개별적인 휴먼서비스 프로그램의 특성들로 설명되어야만 한다. 예로, 신뢰성과 즉응성은 정보제공과 의뢰 서비스, 가정배달 식사 서비스, 또는 상담서비스에서 무엇을 의미하는가?

① 정보제공과 의뢰

    ⓐ 신뢰성은 이미 의뢰된 건들이 적절하다는 것을 의미한다(의뢰된 건이 그 기관 서비스에 부적절한 경우는 의뢰에 포함하지 않는다)

    ⓑ 즉응성은 방문자들이 첫 번째 접촉(만남)에서 연결된다는 것을 의미한다.

② 가정배달 식사

    ⓐ 신뢰성은 식사가 따뜻하게 배달되었음을 의미한다(최소한 적어도 °F180도의 온도를 유지한다).

    ⓑ 즉응성은 식사가 정각에 배달되었음을 의미한다(계획된 배달 시간 10분 내에 도착한다).

③ 상담

    ⓐ 신뢰성은 클라이언트가 일반적으로 같은 상담자를 매 시간에 보았음을 의미한다.

    ⓑ 즉응성 또는 시의적절성은 클라이언트가 계획된 약속시간 이상 기다리지 않았음을 의미한다(10분 이상 기다리지 않는다).

괄호 안에 쓰여진 부가적인 설명들은 품질 범주를 설명하는 다음 두 가지 목적에 따른 것이다.

첫째, 품질 범주를 더욱 정확하게 규명하고 특징짓는데 도움을 준다. 둘째, 프로그램 관계자들이 품질 성과측정을 해명하고 판단할 수 있도록 돕는다.

□ 3단계 : 품질 범주 결합시키기

2단계에서 해석한 품질 범주를 4장에서 언급했던 특별한 휴먼서비스 프로그램을 위해 설계된 기존에 존재하고 있던 중간산출 성과측정(상황, 물질,

[표 5.4] 중간산출 성과(서비스 단위)에 품질 범주 결합하기

1. 정보제공과 의뢰		
	a. 신뢰성	한번의 적절한 의뢰
	b. 즉응성	한 명의 방문자가 첫 번째 시간에 연결됨
2. 가정배달 식사		
	a. 신뢰성	따뜻하게 배달된 한끼 식사
	b. 즉응성	정각에 배달된 한끼 식사
3. 상담		
	a. 신뢰성	기록되어 있던 상담자와 함께 한 한시간 서비스
	b. 즉응성	약속 정각에 시작했을 때의 한시간 서비스

시간)에 접목시킨다. 세 가지 휴먼서비스 프로그램을 위해 고안된 서비스 단위는 다음과 같다.

- 정보제공과 의뢰 : 한번 접촉 또는 의뢰 한 건
- 가정배달 식사 : 식사 한끼
- 상담 : 1시간

[표 5.4]는 어떻게 품질 범주들이 이러한 서비스 단위에 각각 접목되어야 할 지를 설명해 주고 있다.

서비스 단위로 시간 단위를 사용하는 휴먼서비스 프로그램이나 또는 중간산출 성과측정은 어떤 하나의 도전을 표현하는 것이기도 하다. 창조성과 확장은 일의 과정을 이루는 데 필수적이라는 것을 경험적으로 보여주고 있다. 최고의 실용적인 방법은 상식적인 것이다. 설계된 품질 성과측정이 그 프로그램의 관계자들로부터 존중을 받지 못할 수도 있다. 그렇다면 아마도 그 품질 성과측정은 피해야 할 것이다. 만약 단순한 논리적인 준수성이 품

질 범주와 서비스 시간단위 사이에 존재하지 않는다면, 다음과 같은 사항 중 하나를 고려해야 할 것이다. ⓐ 다른 서비스 단위, 즉 상황 또는 접촉 단위를 선택하기, 또는 ⓑ 클라이언트 만족도 접근방법 채택하기

클라이언트 만족도 접근방법

만일 품질 성과측정을 개발하기 위한 접근방법으로 품질 범주의 산출 접근방법이 부담스럽거나, 결과를 조작하게 되거나, 또는 그러한 작업 자체가 불가능할 때 클라이언트 만족도 접근방법을 대안으로 활용할 수 있다. 클라이언트 만족도 접근방법은 단순한 세 개의 과정으로 구성되는 데, 여기에는 필수적으로 품질 범주의 산출 접근방법과 같이 첫 번째 두 단계가 포함된다.

- 1단계 : 품질 범주 선택하기
- 2단계 : 품질 범주 해석하기

세 번째 과정은 품질 범주의 산출 접근방법과 차별된다.

- 3단계 : 설문지 개발하기

이 세 단계의 과정을 설명하는 최상의 방법은 다시 사례를 소개하는 것이다. 정보제공과 의뢰, 가정배달 식사, 그리고 상담 서비스의 사례를 다시 적용해 보자.

□ 1단계 : 품질 범주 선택하기

첫 번째 단계는 중요한 품질 범주를 정의하는 것이다. 세 개의 휴먼서비스 프로그램 모두, 클라이언트와 그 외 프로그램 관계자들이 중요한 품질

범주로 신뢰성과 즉응성 또는 시의적절성을 선택했다고 가정해 보자.

□ 2단계 : 품질 범주 해석하기

　두 개의 선택된 품질 범주, 즉 신뢰성과 즉응성 또는 시의적절성은 세 개의 휴먼서비스 프로그램 특성에서 설명된다. 클라이언트와 관계자들이 품질 범주의 산출 접근방법에서 사용된 특성들을 정의한다고 가정해 보자.

　① 정보제공과 의뢰

　　ⓐ 신뢰성 : 의뢰된 건이 적절하다.

　　ⓑ 즉응성 : 방문자는 첫 번의 시도에서 연결되었다.

　② 가정배달 식사

　　ⓐ 신뢰성 : 식사는 따뜻하게 도착했다.

　　ⓑ 즉응성 : 식사는 정각에 도착했다.

　③ 상담

　　ⓐ 신뢰성 : 클라이언트는 같은 상담자를 본다.

　　ⓑ 즉응성 : 클라이언트는 기다리지 않았다.

□ 3단계 : 설문지 개발하기

　설문지는 한 개의 종합적이고 일반적인 만족도에 관한 질문과, 그 외 각각의 품질 범주에 따라 특별한 질문들로 구성한다([표 5.5]의 Part A 참고). 한 문항의 전반적인 만족도를 묻는 질문은 클라이언트에게 가장 중요한 품질 범주를 결정하는 통계자료로 활용된다. 복합적인 휴먼서비스 프로그램을 보유하고 있는 기관은 각 프로그램마다 이 과정을 단순하게 되풀이해야 한다([표 5.5]의 Part B와 C 참고).

[표 5.5] 클라이언트 만족도 설문지

A. 정보제공과 의뢰

1. 정보제공과 의뢰 프로그램에 얼마나 만족하십니까?	매우 불만족				매우 만족
	1	2	3	4	5
2. 당신에게 적합한 서비스를 제공하는 기관에 의뢰되어 결과적으로 정보제공과 의뢰 서비스를 받았습니까?	대부분 아님				대부분 항상
	1	2	3	4	5
3. 정보제공과 의뢰 프로그램을 요청할 때, 항상 첫 번의 시도에서 연결되었습니까?	대부분 아님				대부분 항상
	1	2	3	4	5

B. 가정배달 식사

1. 가정배달 식사 프로그램에 얼마나 만족하십니까?	매우 불만족				매우 만족
	1	2	3	4	5
2. 가정배달 식사는 따뜻하게 도착했습니까?	대부분 아님				대부분 항상
	1	2	3	4	5
3. 가정배달 식사는 정각에 도착했습니까? (계획된 배달시간의 10분 내에)	대부분 아님				대부분 항상
	1	2	3	4	5

C. 상담

1. 당신은 상담 프로그램에 얼마나 만족하십니까?	매우 불만족				매우 만족
	1	2	3	4	5
2. 당신은 기관에 방문하는 매 시간마다 같은 상담가를 만났습니까?	대부분 아님				대부분 항상
	1	2	3	4	5
3. 상담은 정각에 시작했습니까? (계획된 시간의 10분 내)	대부분 아님				대부분 항상
	1	2	3	4	5

클라이언트 만족도 접근방법에서 질문과 대답은 주의 깊게 표현되어야 한다. [표 5.5]의 질문과 대답의 범주들은 유일한 접근방법이거나 최상의

접근방법은 아니다. 단지 하나의 접근 사례일 뿐이다. 나아가서 모든 클라이언트가 조사대상이 아니라면 대표성이 있는 표본을 선택하는데 유의해야 할 것이다. 조사연구의 기본적인 과제는 질문의 내용과 대답의 범주 개발, 그리고 표본 추출에 관련된 필요한 지침을 제공하는 것이다.

제 **6** 장

결과 성과측정

프로그램 관계자 대부분은 휴먼서비스 프로그램에서 가장 기본적인 중요한 요소로 효과성 책임을 이야기하면서 다음과 같은 사항을 알아야 한다고 강조한다. 예를 들어 125명의 클라이언트가 총 2,000시간의 상담 서비스를 받은 후 그 프로그램에 대해 90%가 '만족스럽다' 또는 '매우 만족스럽다'고 한 경우를 고려해 보자. 그러나 관계자들이 진실로 알고 싶어 하는 것은 프로그램 결과 유형과 프로그램으로 인한 영향, 그리고 프로그램에서 성취한 것은 무엇인가 등에 관한 것들이다.

1. 결과 성과측정

SEA 보고에서 언급하고 있는 결과 성과측정은 결과 또는 성취, 즉 최소한 서비스 또는 프로그램이 부분적으로 공헌할 수 있는 것이라고 광범위하게 정의하고 있다(GASB, 1994). 그러나 휴먼서비스 프로그램 목적에 따라 보다 구체적인 클라이언트 중심 관점이 일반적으로 채택되고 있다. 즉 휴먼서비스 프로그램의 결과와 클라이언트를 연결시키고자 하는 시도에서 지금까지 클라이언트 결과, 클라이언트 결과 모니터링과 같은 용어로 사용되어 왔다. 이러한 접근법은 휴먼서비스 프로그램의 의도된 결과로 나타난 클라이언트의 질적인 생활의 변화와 영향들에 대한 진단을 포함한다. 이러한 여러 사항들을 복합적으로 고려할 때, 결과 성과측정의 조작적인 정의를 내리면 다음과 같다: 결과 성과측정은 클라이언트 삶의 질 변화를 측정하는 휴먼서비스 프로그램의 결과, 영향 또는 성취들이다.

2. 클라이언트 문제 대 클라이언트 종결 상태

휴먼 서비스에서, 그리고 특히 사회사업에서 클라이언트는 일반적으로 어떤 문제를 갖고 있는 사람으로 간주되는 경향이 있다. 예를 들어, 한 클라이언트가 약물중독의 문제, 주거의 문제, 수입의 문제, 자녀 양육의 문제, 기타 문제 등 매우 복합적인 문제를 갖고 있다면 이러한 '문제 접근법'은 진단과 치료 면에서는 매우 적절할 것이다. 그러나 휴먼서비스 프로그램의 결과와 영향, 성취를 생각할 때 이는 유용하지 못하다. 문제를 갖고 있는 150명의 클라이언트가 적절한 도움을 받았다는 것은 관계자들에게는 정확한 정보 일 수 있지만 이들을 확신케 할 수는 없다.

보다 유용한 휴먼서비스 프로그램의 결과 성과측정을 개발하는 것은 클라이언트 삶의 질이 변화할 것으로 기대하고 예견하는 작업이다. 이때 질적인 변화는 클라이언트의 상태와 지위, 행동, 기능, 태도, 감정, 또는 인식을 바람직한 방향으로 변화시키는 것뿐만 아니라, 바람직하지 못한 클라이언트

[표 6.1] 클라이언트 생활의 질적인 변화의 예

1. 바람직한 변화에 대한 예

a. 상태	홈리스 클라이언트가 쉼터를 찾은 것
b. 지위	실직상태의 클라이언트가 취업한 것
c. 행동	청소년 클라이언트의 수업 출석률이 증가한 것
d. 기능	클라이언트의 대처 전략이 향상된 것
e. 태도	청소년 클라이언트가 규범과 교육에 대한 수용이 증가한 것
f. 감정	클라이언트의 소속감이 증가된 것
g. 인식	클라이언트의 자존감이 향상된 것

2. 바람직하지 않은 변화로부터 멀리하는 것에 대한 예

a. 상태	홈리스가 길에서 밤을 보내는 날의 수
b. 지위	약물중독 문제를 지닌 클라이언트가 실직 상태로 보내는 날의 수
c. 행동	청소년 클라이언트가 학교에 결석하는 수의 감소
d. 기능	클라이언트가 배우자와 싸우는 빈도수의 감소
e. 태도	사고를 일으키는 청소년 클라이언트 수의 감소
f. 감정	클라이언트가 주어진 환경 속에서 느끼는 무력감의 감소
g. 인식	클라이언트가 다른 인종에 대한 부정적인 생각의 감소

의 상태와 지위, 행동, 기능, 태도, 감정, 인식들에서 멀어지게 하기 위한 활동을 의미한다. 이것을 '클라이언트 종결 상태(Client end status)' 접근법이라고 한다. 이는 휴먼서비스 프로그램에서 측정되어야 하는 요소들(클라이언트 상태와 지위, 행동, 기능, 태도, 감정, 인식 등) 뿐만 아니라 결과와 영향 그리고 성취도 강조하는 이중의 장점을 갖고 있다.

[표 6.1]은 결과 성과측정에서 클라이언트 삶의 질 변화에 대한 예이다. 그리고 바람직한, 또는 바람직하지 못한 클라이언트의 상태와 지위, 행동, 기능, 태도, 감정, 인식이 동전의 양면과 같은 관계임을 보며주고 있다. 이러한 이분법적인 요소는 많은 휴먼서비스 프로그램이 바람직하거나 바람직하

[표 6.2] 결과 성과측정의 네 가지 유형

- 수량집계(numeric counts)
- 표준화된 척도(standardized measures)
- 기능수준 척도(level of functioning scales)
- 클라이언트 만족도(client satisfaction)

지 못한 클라이언트의 상황과 행동에 대한 자료를 수집해야 하는 이유가 된다. 이러한 자료는 결과 성과측정에 유용하다.

3. 결과 성과측정의 네 가지 유형

결과 성과측정은 네 가지 유형으로 분류할 수 있다. [표 6.2]에서와 같이 수량집계(numeric counts), 표준화된 척도(standardized measures), 기능수준 척도(LOF: level of functioning scales), 클라이언트 만족도(client satisfaction)로 분류된다(Kettner & Martin, 1993; Kuechler, Velasquez, & White, 1988).

수량집계는 단순히 삶의 질 향상을 보인 클라이언트의 수를 집계하는 방식이다. 표준화된 척도는 클라이언트의 삶의 질 변화를 측정하는 사전-사후 검사로 표준화되어 있는 것을 말한다. LOF척도는 클라이언트 삶의 질 향상 측정을 목적으로 기관 또는 프로그램에서 만들어 사용하는 사전-사후 검사로 대개 표준화되어 있지 않다. 클라이언트 만족도는 클라이언트에게 직접 자신의 생활 중 질적인 변화를 묻는 자기보고서 형식을 취한다.

이렇듯 결과 성과측정의 각 유형들은 클라이언트 생활에서 질적으로 향

[표 6.3]   네 가지 측정 유형의 서로 다른 접근

• 수량집계	일반적으로 클라이언트의 상태, 지위와 행동을 측정하기 위해 사용.
• 표준화된 척도	일반적으로 클라이언트의 감정, 태도와 지각을 측정하기 위해 사용.
• 기능수준 척도	일반적으로 클라이언트 또는 클라이언트 가족의 기능적인 면을 측정하기 위해 사용.
• 클라이언트 만족도	일반적으로 클라이언트 인식을 측정하기 위해 사용.

상되는 서로 다른 측면을 측정하는데 어느 정도 적절하다([표 6.3] 참조). 예를 들어, 수량집계가 클라이언트의 상태, 지위 또는 행동을 측정하는데 주로 사용된다면, 표준화된 척도는 클라이언트의 인식, 감정 그리고 태도를 측정하는데 사용된다. LOF척도는 클라이언트 또는 그 가족의 기능적인 면을 측정하는데 널리 사용된다. 특히 표준화된 척도가 불가능하거나 또는 표적집단의 연령, 인종 같은 기타 요소들로 인해 표준화된 척도를 사용하는 것이 적절하지 못한 경우에 사용된다. 클라이언트 만족도 측정은 생활의 질적인 변화에 대한 클라이언트의 인식을 측정하는데 널리 사용되는 방법이다.

일반적으로 서비스 종료에서만 결과 성과측정을 적용하고 보고하는 것을 반복해 왔다(예를 들어, 치료를 종료한 클라이언트 또는 서비스를 끝까지 마친 클라이언트에 대해서만 주로 측정을 해왔다). 서비스 종료의 개념과 이것이 결과 성과측정에서 지니는 중요성을 재고하려면 제4장을 참조하라.

4. 중간결과 성과측정과 최종결과 성과측정

결과 성과측정의 네 가지 유형은 ① 중간결과 성과측정 또는 ② 최종결

[표 6.4] 중간결과 성과측정과 최종결과 성과측정

중간결과 성과측정	최종결과 성과측정
수량집계	수량집계
표준화된 척도	표준화된 척도
기능수준 척도	기능수준 척도
클라이언트 만족도	———

과 성과측정이라고 하는 사용 시기에 따라 크게 두 가지 범주로 재분류된다. 이는 [표 6.4]를 통해 자세히 살펴 볼 수 있다.

중간결과 성과측정은 치료의 종료 또는 서비스를 완전하게 마쳤음을 영수하는 시점에서 즉각적으로 클라이언트 삶의 질적인 변화를 사정한다. 다시 말하면, 중간결과 성과측정은 치료 효과에 대한 사정을 말한다(Else et al., 1992). 아동의 시설보호를 예로 들어보자. 중간결과 성과측정의 경우, 아동이 시설을 떠나거나 또는 서비스를 완전히 마친 후 즉각적으로 생활의 질적인 변화(상태 또는 행동)를 사정한다. 그러나 모든 치료의 효과가 치료의 종료 또는 서비스 종료에서 즉각적으로 식별되는 것은 아니다(Benveniste, 1994). 더구나 어떤 사람들은 치료 후 효과 또는 장기간의 효과에 관심을 갖는다(Else et al., 1992). 따라서 정해진 일정 시기(3개월, 6개월, 1년 등) 동안의 클라이언트 생활의 질적인 자료를 파악하여야 한다. 아동 시설보호 경우라면, 최종성과는 가족과의 재결합 혹은 입양이 될 것이다(Else et al., 1992). 휴먼서비스 프로그램 중에는 중간결과 성과측정과 최종결과 성과측정 모두에 동일한 측정방법을 사용하는 프로그램도 있는 반면 서로 다른 측정방법을 사용하는 프로그램도 있다.

이론적으로 네 가지 결과 성과측정 유형은 중간 또는 최종성과물을 파악하기 위해 사용될 수 있다. 그러나 실제 현장에서는 클라이언트 만족도를 최종결과 성과측정으로 거의 사용하지 않고 있다(Kettner & Martin, 1993; Kuechler et al., 1988; Nurius & Hudson, 1993). 이는 휴먼서비스 행정가들이 클라이언트 만족도 자료가 치료의 효과를 사정하는데는 유용하지만 치료 후 또는 장기간의 효과성을 사정하는 데에는 별로 유용하지 못하다고 생각하기 때문이다.

5. 결과 성과측정의 선택

다음의 3단계 과정은 산출과 품질 성과측정을 선택한 사례에서 결과 성과측정을 개발하는 데 유용하다.

□ 1단계

휴먼서비스 프로그램 관계자들의 대표 집단을 소집해야 한다. 모임이 시작되기 전에 대표자는 개념 틀과 이론, 측정, 휴먼서비스 프로그램과 관련 있는 현장 경험에 관한 가장 최신의 그리고 광범위하게 받아들이는 연구를 잘 알고 있어야 한다.

□ 2단계

대표자 집단은 가능한 다양한 잠재적인 결과 성과측정을 확인하고, 토의하고, 심사숙고해야 한다. 이러한 과정을 통해 사회문제와 휴먼서비스 프로그램의 현주소 그리고 사회문제에 관한 가설을 보다 명확히 할 수 있다.

□ 3 단계

휴먼서비스 프로그램을 위해 하나 또는 두 가지의 최상의 결과 성과측정에 대한 합의를 이루어야 한다.

6. 원인-효과 관계

휴먼서비스 프로그램에서 결과 성과측정을 사용하고 작성하는 것은 원인-효과 관계를 함축한다. 여기에서 원인(cause)은 휴먼서비스 프로그램이며, 클라이언트의 질적인 생활의 변화가 효과(effect)가 된다. 휴먼서비스 프로그램에서 원인-효과 관계를 적용할 때 몇 가지 가능한 문제들을 생각해야 한다.

휴먼서비스 프로그램과 결과 성과측정 사이에 원인-효과 관계를 적용하는 것을 논의하면서 GASB(1994)는 몇 가지 주의사항을 거론하고 있다. "모든 결과에서 뚜렷한 원인-효과 관계는 성립될 수 없다. 왜냐하면 프로그램 전체를 제어하기에는 불가능한 복합적인 특성들과 요소가 측정된 결과에 영향을 미치기 때문이다"(p.22). GASB는 비록 각각의 휴먼서비스 프로그램들이 결과 성과측정을 행하고, 보고하고 있지만 프로그램 그 자체가 결과의 유일한 원인이 아닐 수도 있음을 강조한다. 다음의 예를 살펴보자.

직업훈련 프로그램에서 25명의 훈련생이 프로그램 졸업 후 즉시 상근직에 고용되었다. 결과 성과측정으로 25건이 취업했다고 보고되었다. 25명의 훈련생이 졸업하던 같은 시기에 새 제조공장이 가까운 곳에 문을 열었고 1,000명의 상근직원을 모집하였다. 그리고 25명의 훈련생 모두 그 제조공장에 취업하게 되었다. 그렇다면 직업훈련 프로그램이 25명의 훈련생 취업에 원인이 되었던 것일까? 아니면 새로운 제조공장(직업훈련 프로그램과는 전혀 관계가 없는)이 25명 훈련생의 취업에 원인이 되었던 것일까?

어떤 사람들은 직업훈련 프로그램과 새로운 제조공장 모두가 25명 훈련생 취업의 원인이 되었다고 주장할 것이다. 만약 직업훈련 프로그램이 25명의 훈련생을 적절하게 준비시키지 않았다면 고용되지 못하였을 것이다. 마찬가지로 새로운 제조공장이 문을 열지 않았다면 25명의 훈련생이 직업훈련 프로그램에서 그들을 적절하게 준비시켰던 것에 상관없이 고용되지 못하였을 것이다. 이 예에서 강조하고 싶은 것은 휴먼서비스 프로그램에서 결과 성과측정을 활용할 때 프로그램과 결과 하나 하나마다 원인-효과 관계를 적용할 수 없다는 것이다. 직업훈련 프로그램은 직장 배치를 어느 정도 보장해 주어야 하지만 관계자들이 프로그램만이 결과에 대한 유일한 원인은 아니라는 것을 이해할 수 있도록 명확히 해야 한다.

휴먼서비스 프로그램은 언제든지 가능한 '계량화된 실적을 달성하는 것'에만 단순히 전념하고, 단지 중도탈락자가 생기지 않도록 해야 한다고 주장하는 사람들도 있다. 이러한 접근법의 문제점은 직업훈련 프로그램의 예를 다시 살펴보면서 확인할 수 있다. 만일 제조공장이 결코 문을 열지 않았을 경제불황 최고절정 시기에 25명의 훈련생이 졸업하였고 그들 중 5명(20%)만이 직업을 갖게 되었다고 가정하자. 직업훈련 프로그램 관계자들은 그 프로그램이 효과가 없었다고 결론지을 수 있을까? 물론 결코 아니다. 프로그램 이외의 요인들(이번 사례에서는 불경기가 되겠지만)이 취업이라는 프로그램의 결과 성과측정에 영향을 미치고 있다. 만일 휴먼서비스 프로그램이 통제할 수 없는 요인들로 인해 야기되는 프로그램 효과성에 대하여 100% 비난의 책임을 지고 싶지 않다면 계량적인 실적에 100% 의존하지 않는 것이 현명할 것이다.

결과 성과측정이 무엇인지를 관계자에게 교육하는 것은 휴먼서비스 프로그램의 활용과 연계된 매우 중요한 문제이다. 정부 집행 및 성과에 관한 법률(1993)에 따라 연방정부 감독 아래 진행되었던 시험적인 결과 성과측정 시범사업에서 얻은 초기보고 내용에서 공공행정 아카데미(National Academy of Public Administration, Hatry & Wholey, 1994)는 다음과 같은 내용을 언급하고 있다.

> 일반적으로 결과 지표(Outcome indicators) 만으로는 목표했던 성과에서 프로그램이 얼마나 직접적인 원인이 되었는지 이야기 할 수 없다……. 결과 지표에서 언급하고 있는 것과 그렇지 않은 것에 관한 이해 부족은, 연방정부 이 외에 대중매체 등 모든 수준에서 정기적인 성과측정이 할 수 있는 것에 관해 과도한 기대를 이끌게 되면서 끊임없이 혼란을 야기할 것임을 짐작할 수 있다(p. 4).

7. 최종결과 성과측정으로서 사회지표

어떤 주와 지역사회에서는 지역내 사회문제를 평가할 수 있는 최종결과 성과측정으로서 사회지표를 사용하고 있다(Miller, 1991). 사회지표는 일반적으로 지역내의 사회문제를 평가할 수 있는 판단기준이 되는 자료들을 말한다. 사회지표 자료를 갖춘 시민, 지지집단, 선출 공무원, 다른 관계자들은 지역사회의 사회문제가 더 나아졌는지, 나빠졌는지 아니면 변화가 없는지에 대하여 측정할 수 있다. 같은 유형의 정보를 수집한다면, 지역사회와 주도 비교 가능할 것이다.

휴먼서비스 프로그램을 위한 결과 성과측정으로서 사회지표를 활용하는 데 있어서 더욱 흥미 있는 시도중의 하나는 오레곤 주의 '기준지표(Benchmarks)' 프로그램이다. 오레곤은 272개의 기준이 되는 지표를 개발했다(Walter, 1994). 오레곤의 이 새로운 접근방법은 두 가지 특징을 가지며 이는 매우 흥미있는 사례가 되고 있다.

첫째, 포틀랜드의 공동모금회 뿐만 아니라 오레곤 주의 많은 지방자치기구와 지방정부는 주의 기준을 따르고 있는 동시에 그들 자신이 설정한 지표를 채택하는 움직임이다. 포틀랜드의 멀트노막시와 오레곤에서 개발한 휴먼서비스 프로그램의 지표는 [표 6.5]와 같다.

둘째, 1994년 12월 미국 보건복지성과 오레곤 주는 수 개월의 협상 끝에 '오레곤 선택(Oregon Option)'이라고 불리는 동의서를 만들었다. 이 시범사업에서는 많은 연방서비스 프로그램의 결과와 효과, 성취를 사정하는 데에 오레곤의 기준지표를 사용할 것이다(Walter, 1995)

비록 오레곤 기준지표와 같은 새로운 시도들이 확실히 혁신적이고 갈채를 받아야 마땅하지만, 역시 비판받을 부분도 있다. 여기서의 비판점은 당연히 최종결과 성과측정으로 사용되는 사회지표와 휴먼서비스 프로그램간의 함축된 원인-효과 관계이다. 각각의 휴먼서비스 프로그램은 아마도 사회지표상 많은 효과를 갖지 않을 것이다. 예를 들어, 직업훈련 프로그램이 비록 효과가 있다고 할지라도 실업률에 관해서는 그다지 효과를 보지 못할 것이다.

각 휴먼서비스 프로그램과 사회지표간의 함축적인 원인-효과 관계를 다소 무시하는 한 가지 방법은 동일한 사회지표를 규정하는 휴먼서비스 프로그램 집단 또는 패키지를 명확히 하는 것이다. 이렇게 체계적으로 분류하는 접근방법을 플로리다의 보건재활복지부(FHRS)가 제안하였다. FHRS(1995)는 '서비스 체계도(Service Tree)'라고 명명되는 접근방법을 시험하고 있다. FHRS에서 제공하는 다양한 휴먼서비스 프로그램은 적은 수의 특수화된 지표들(n=38)과 관련되며, 이는 다시 보다 더 적은 수의 '주요 서비스 결과 지표'(n=16)와 관련되어 있다. [표 6.6]은 FHRS에서 시도하고 있는 지표와 주요 서비스 결과 지표 중 일부를 소개한 것이다.

[표 6.5] 휴먼서비스 프로그램을 위한 오레곤 주 멀트노막 시의 기준지표 예

1. 성인 정신건강
   a. 멀트노막 시의 능력 척도로 측정한 결과 기능적인 능력을 유지하거나 향상시킨 클라이언트의 비율
   b. 1년 동안 지역사회에 정착한 클라이언트 중 입원의 위험이 높은 비율
   c. 가정에 정착한 정신질환을 가진 홈리스 클라이언트의 수

2. 아동 정신건강
   a. 가정에 성공적으로 정착한 가출청소년의 비율
   b. 가족센터에서 전환 서비스를 받은 이후 위반 행위를 하지 않게 된 아동의 비율

3. 알코올과 약물
   a. 예방서비스를 받은 이후 약물, 알코올과 관련된 행동에 긍정적인 변화가 나타난 클라이언트와 그 가족의 수
   b. 완전히 중독증세가 없어진 클라이언트의 수와 다음 단계의 알코올, 약물치료에 등록한 클라이언트의 수

4. 빈곤퇴치 지역사회행동
   a. 사례관리를 받고 있는 가정 중 기본적인 욕구에 직면하여 이용 가능한 수입이 증가되거나 유지되었던 사례의 수
   b. 에너지 보존에 대한 원조를 받고 있는 가정 중 보다 안정되었다거나 또는 에너지 소비·지출이 감소했다고 보고한 가정의 수

출처 : Adapted from Multnomah County, Oregon (1994)

최종결과 성과측정으로 사회지표를 사용함에 있어서 이렇듯 다른 측면을 강조하는 것이 성과측정과 확인된 사회문제간의 연계의 중요성을 언급하고 있는 제3장의 내용과 상충되는 것은 아니다. 성과측정이 어떤 것에 대하여 언급하고 관련되며 또 사회문제가 어떤 것인지를 규정하는 것과, 지역사회 또는 주의 사회문제에 대해서 휴먼서비스 프로그램 영향의 효과성을 사정하는 것은 완전히 별개의 것이다.

8. 결과 성과측정과 서비스 프로그램

제4장에서는 서비스 프로그램의 핵심주제를 소개하였다. 서비스 프로그램이란 다양한 서비스와 그 구성 요소로 구성되는 휴먼서비스 프로그램이다. 성인 주간보호서비스 프로그램의 경우 다음과 같은 내용을 들 수 있다. 성인 주간보호 프로그램은 교통, 식사, 사회화와 여가활용에 관한 내용, 그리고 건강 등으로 구성된다. 서비스 프로그램의 중간결과 성과측정을 개발하고 보고하는 데 있어서는 각 서비스 또는 그 구성요인 각각을 세분하여 결과를 산출하는 것을 선호한다. 이러한 접근방법은 서비스 프로그램에 대한 보다 포괄적이고 세부적인 모델을 제공해 준다는 장점이 있다.

그러나 서비스 프로그램을 위한 결과 성과측정(중간 또는 최종)을 개발하고 보고할 때, 각각의 서비스와 구성요소에 대한 성과측정을 분리하여 사용하는 접근은 권장되지 않는다. 결과 성과측정은 각각을 구성하는 서비스와 그 구성요소가 아니라, 전체 서비스 프로그램을 위해 전개되어야 할 것이다. 일반적인 서비스 프로그램, 즉 각각의 서비스 또는 그 자체의 구성요소에서는 질적인 클라이언트 삶의 변화를 기대할 수는 없다. 그것보다는 다양한 서비스 또는 구성요소들의 연합된 효과가 변화를 가져오도록 설계된다.

성인 주간보호 프로그램의 예를 계속 들어보자. 결과 성과측정은 성숙하게 사회화되는 것을 방해받으면서 위험에 처해 있는 성인의 수를 말할 것이다. 합리적으로 생각해 볼 때, 단지 각각의 서비스 또는 구성요소(교통, 식사, 사회화와 여가활용, 건강 등) 중 각 요소들이 개별적으로 위험에 처한 성인들이 원만하게 사회화되는 것을 방해한다고는 할 수 없다. 각 서비스 프로그램이 함께 운영될 때 성인 주간보호는 가능하게 되는 것이다.

[표 6.6] 플로리다 보건재활복지국의 서비스체계도 접근

---

1. 결과 = 영아사망률
   지표 :

   a. 출생자 1000명 당 영아사망률
   b. 출생자 1000명 당 백인 이외의 영아의 사망률

2. 결과 = 십대 임신
   지표 :

   a. 십대(15~19)의 출산율
   b. 십대(15~19)의 재 출산율

3. 결과 = 조기 아동교육
   지표 :

   a. 특수 교육이 필요한 유치원 입학아동의 비율

4. 결과 = 플로리다 주민의 약물사용
   지표 :

   a. 인구 100,000명 당 알코올과 관련하여 사망한 성인 및 청소년의 비율
   b. 인구 100,000명 당 마약을 소지하고, DUI때문에 체포된 성인 및 청소년의
      비율

5. 결과 = 학대와 방임에서 벗어나 영구적으로 안정된 가정에서
          성장하는 아동의 수
   지표:

   a. 아동·가족 서비스를 받은 이후 1년 이내에 다시 학대받은 아동의 비율
   b. 입양아동의 수

6. 결과 = 가족의 경제적 자립
   지표 :

   a. 아동 양육으로 (또는)생계비가 증가했기 때문에 이에 비례하여 수입이 감
      소되었거나 상실하게 된 65세 미만의 식품교환권을 받는 사람과 AFDC의
      비율
   b. AFDC를 받는 평균 기간

출처 : Adapted from Florida Department of Health and Rehabilitative Service(1995,
pp.5-7)

9. 네 가지 결과 성과측정 유형에 대한 사정

결과 성과측정의 네 가지 유형을 사정하는 방법은 다음과 같다 : 수량집계(7장), 표준화된 척도(8장), LOF척도(9장), 그리고 클라이언트 만족도(10장). 휴먼서비스 프로그램내의 결과 성과측정과 특별하게 관련된 선행연구를 토대로 사정의 일곱 가지 기준(유용성, 타당성, 신뢰도, 정확성, 실행가능성, 비용, 단위비용보고)을 마련하였다(Kettner & Martin, 1993; Kettner et al., 1990; Kuechler et al., 1988; Millar & Millar, 1981; Nurius & Hudson, 1993; Rossi & Freeman, 1993; Tatara, 1980).

1. 유용성(Utility) : 결과 성과측정의 한 특별한 유형에 따라 일반화한 정보를, 관계자들이 유용하고 적합하다고 판단하는 정도를 말한다 (Millar & Millar, 1981; Nurius & Hudson, 1993). 만약 관계자들이 휴먼서비스 프로그램에서 사용한 결과 성과측정이 유용하지 못하고 효과성과 책임감 있는 정보를 제공하지 못한다고 평가하면, 그 결과는 그저 간단하게 삭제될 것이다. 따라서 유용성은 결과 성과측정을 선택하는 데 있어서 일곱 가지 기준 중 가장 중요한 요소가 될 것이다 (Kuechler et al., 1988).

2. 타당성(Validity) : 타당성은 결과 성과측정의 한 특별한 유형이 측정하고자 하는 바를 얼마나 정확하게 측정했느냐에 대한 것이다(Rossi & Freeman, 1993). 타당성은 결과 성과측정과 휴먼서비스 프로그램간의 원인-효과 관계와 관련이 있다. 결과 성과측정은 지역사회 안에서 새롭게 문을 연 새 제조공장이나 심지어는 호손 효과(Hawthorn

effect)와 같이 무관한 변수들을 측정하는 것이 아니다. 휴먼서비스 프로그램의 실제적인 결과, 영향, 그리고 성취된 것들을 측정하는 것을 말한다. 결과 성과측정이 서비스 프로그램이 보다 외부적 요인에 영향을 적게 받을수록 측정은 더욱 확실하다.

3. 신뢰도(Reliability) : 신뢰도는 결과 성과측정의 어떤 특별한 유형이 반복적으로 같은 결과를 산출하는지에 관한 것이다. 일반적으로 보다 표준화된 결과 성과측정일수록 신뢰도는 더 높아진다(Rossi & Freeman, 1993).

4. 정확성(Precision) : 정확성은 변화한 클라이언트의 삶의 질(질적 양적 모두)을 얻을 수 있는 결과 성과측정 방식과 관련된다(Rossi & Freeman, 1993). 정확성은 결과 성과측정에 의하여 사용된 측정의 수준과 직접적으로 관련된 것이다. 일정한 단계로 수집된 정보(등간)는 단지 일련의 순서(순위)를 갖는 정보보다 정확하다. 또 일련의 순서를 갖는 정보는 단순히 정보를 명명하는 것(명목) 보다는 정확하다.

5. 실행가능성(Feasibility) : 실행가능성은 정치적으로 윤리적으로 또는 행정적으로 인적으로 혹은 그 외 또 다른 요인들로 인해 결과 성과측정의 어떤 한 유형의 활용이 방해받는 정도를 말한다(Millar & Millar, 1981). 여기에서 쟁점은 제안된 결과 성과측정을 실제 행할 수 있느냐 그렇지 못하냐 이다. 예를 들어, 일반적으로 어떤 결과 성과측정의 한 특별한 유형이 행정적으로 많은 시간을 요구하면 할 수록 이것은 직원들이 시간을 많이 할애해야 하기 때문에 실행할 가능성이 떨어지게 된다.

6. 비용(Cost) : 비용은 그 나머지 다른 유형들과 관련하여, 결과 성과측정의 어떤 한 유형을 시작하고 유지하는데 소요되는 비용과 관련된다

(Millar & Millar, 1981).

7. 단위비용보고(Unit cost reporting) : 단위비용보고는 각각의 성과 정
   보 당 발생되는 비용 계산 가능성을 말한다(Kettner & Martin,
   1993; Kettner et al., 1990). 결과 성과측정은 만족스러운 서비스 노
   력에 대한 기대를 담고 있어야 하며, 성취된 바를 보고할 때에는
   (GASB, 1994) 각 결과 단위 당 비용을 보고할 수 있어야 한다. 수량
   집계와 같이 결과 성과측정의 어떤 유형은 다른 유형들에 비해 그 자
   체로서 보다 비용 분석적인 장점을 갖는다.

각각의 결과 성과측정 유형(수량집계, 표준화된 척도, LOF척도, 클라이
언트 만족도)은 위에서 언급한 일곱 가지 사정 기준에 대해 '높은' '중간'
'낮은'의 세 단계의 척도로 사정될 것이다. 결과 성과측정 양식을 선택하는
것은 각 휴먼서비스 프로그램을 일곱 가지 기준 모두에서 사정하는 것 뿐
아니라 기준과 기준사이에서 다루어지지 않는 부분도 함께 사정할 때 가장
적합할 수 있다. 예를 들어, 비용을 절감하기 위하여 보다 낮은 수준의 타당
성과 신뢰도를 갖는 성과측정 유형을 결정할 수도 있다.

이 장에서는 결과 성과측정의 핵심주제에 대한 일반적인 내용을 소개했
다. 제7장에서는 결과 성과측정의 네 가지 유형 중 첫 번째인 수량집계를
다룰 것이다.

제 **7** 장

수량 집계

수량집계(즉, 수(數)로 계산하는 것, 수량화하는 것)는 앞으로 상세하게 논의될 결과 성과측정의 네 가지 주요한 유형 중 그 첫 번째이다. 수량집계는 산출 성과측정과 품질 차원의 산출물들과 비슷하지만 중요한 차이를 갖는다. 이러한 외관상의 유사성 때문에 결과 성과측정의 한 유형으로 수량집계를 더욱 상세하게 다루게 될 것이다.

1. 수량집계란 무엇인가?

불행히도 수량집계에 대해 보편적으로 인정하는 정의는 존재하지 않는다. 몇몇 제안된 정의를 살펴보면 다음과 같다.

① 수량집계는 "클라이언트에 관련된 인구학적 또는 그 외의 특징적인 자료와 정보 같은 측정을 포함한다. 이러한 명목 측정의 예는 시설보

호를 마치고 집으로 돌아온 아동의 수, 또는 1년 사후관리 과정동안 자유로운 중간시설(halfway house)에 거주하고 있는 약물의존 클라이언트의 수를 들 수 있다"(Kuechler et. al., 1988, p.74).

② 수량집계는 "클라이언트에 관련된 명목측정이다. 이는 다음과 같은 구체적 질문에 대한 예/ 아니오의 대답을 요한다. : 클라이언트가 WIN 훈련 후 직업을 찾았습니까? 아동이 거주 치료를 마치고 집으로 돌아왔습니까?"(Kettner et. al., 1990, p. 119).

③ 수량집계는 "어떤 기관이 예방하고자 하는 바람직하지 않은 일들과 또한 어떤 기관이 성취하고자 하는 바람직한 일 같은 중대한 결과물을 말한다. 여기에서 바람직한 사건들은 한 클라이언트가 고용되는 것과 더 이상 서비스를 필요로 하지 않는 것, 그리고 한 아동이 집으로 돌아오거나 입양되는 것 등을 포함한다. 바람직하지 않는 사건들은 학대 아동이 다시 학대를 받고 있음을 확인하였거나 사례가 성공적으로 종결된 후 재 의뢰가 들어오는 것, 청소년 클라이언트의 구속 등이 포함된다"(Millar & Millar, 1981, p. 27).

이러한 논의에 기초하여 수량집계를 정의할 때 수량집계는 결과 성과측정의 다른 유형과 구별되는 두 가지 특징을 갖는다. 첫째, 휴먼서비스 프로그램의 결과 얼마나 많은 클라이언트가 삶의 질이 변화되었는지에 대한 간단한 '머릿수 세기(head counts)'이다. 둘째, 한 정해진 클라이언트에게 발생하거나 또는 발생하지 않을 삶의 질 변화를 이분법적으로 즉, 예 / 아니오 형식으로 측정하는 것이다. 양적이든 질적이든지 간에 결과로 변화하는 과정(단계)에 대해서는 알 수 없다.

[표 7.1] 결과 성과측정으로 사용된 수량집계의 예

1. 정보 제공과 의뢰
   a. 중간결과 성과측정   한 명의 클라이언트가 원조 받음
   b. 최종결과 성과측정   없음
2. 가정배달 식사
   a. 중간결과 성과측정   한 명의 클라이언트가 좋은 영양상태를 유지하고 있음
   b.최종결과 성과측정   한 명의 클라이언트가 자신의 집에서 생활을 유지함
3. 상담
   a. 중간결과 성과측정   한 명의 클라이언트가 보여주는 행동이나 상태의 개선
   b. 최종결과 성과측정   한 명의 클라이언트가 상담을 더 이상 필요로 하지 않음

2. 수량집계의 예

[표 7.1]은 정보제공과 의뢰, 가정배달 식사, 상담과 같이 계속해서 논의해 온 프로그램에 대한 수량집계의 예이다. 중간 결과와 최종 결과 모두에서 수량집계를 사용하고 있다.

[표 7.1]의 어떤 부분은 추가 설명이 필요하다. 첫째, 정보제공 및 의뢰 프로그램의 경우 최종결과 성과측정이 없는 것으로 나타난다. 몇몇 휴먼서비스 프로그램—예를 들어, 정보 제공이나 의뢰, 전문적인 운송 서비스와 같은 연계된 활동을 다루는 특별한 것들—은 그것 자체로는 최종결과 성과측정을 잘 제공할 수 없다. 정보제공이나 의뢰하기, 그리고 전문적인 운송 서비스를 이용하는 클라이언트에 대한 최종 목적은 지나치게 간단히 변경될 수 있기 때문이다.

둘째, 집으로 배달되는 식사 프로그램과 중간·최종결과 성과측정간의 의미 있는 원인-효과 관계는 기껏해야 매우 미미한 정도이다. 휴먼서비스 프로그램과 그것의 결과 성과측정 사이의 의미 있는 원인-효과 관계에 대한 요점은 제6장에서 강조했지만 반복해서 강조할 가치가 있다. 이번 경우, 가정배달 식사 프로그램은 한 개인이 유익한 영양을 유지한다거나 독립적인 생활을 유지시키는 데 보조가 될 수도 있지만, 그것 자체만으로는 바라는 정도의 상태를 달성하기에 충분하지 못하다. 집으로 식사를 배달하는 것뿐만 아니라 최소한 방문 간호를 포함한 종합적인 서비스 패키지가 강력히 요구된다. 그러나 반면 비록 집으로 배달되는 식사 프로그램이 그것 자체만으로는 클라이언트가 자신의 집에서 생활을 유지하게 할 수 없을 지라도 최소한 그러한 상태가 될 수 있도록 기여한다. 이러한 측면에서, 이에 대한 측정을 최종 성과로 사용하기에 적합한 것이다. 정보제공과 의뢰 프로그램에서 보여주었던 중간결과 성과측정 또한 같은 맥락에서 설명될 수 있다. 정보제공 및 의뢰 프로그램에서 조정하기 어려운 요인은 극단적으로 클라이언트가 의뢰 기관에서 서비스를 받을 것인지 받지 않을 것인지에 영향을 미친다. 그럼에도 불구하고 정보제공 의뢰 프로그램은 욕구가 있는 클라이언트와 그러한 욕구를 충족시킬 수 있는 기관을 연결시키기 위해 존재한다. 결론적으로, 비록 의미 있는 원인-효과 관계가 빈약하다 할지라도, 의뢰된 기관으로부터 최종적으로 보조를 받은 클라이언트의 수는 정보제공 및 의뢰 서비스에 대한 적절한 결과 성과측정이라는 것이다.

셋째, [표 7.1]에서 보여준 수량집계가 최종산출 성과측정(서비스의 단위) 그리고 앞 장에서 보여준 품질 성과측정(품질 범주의 산출) 사이에 혼란을 야기하는 유사성이 잠재적으로 존재할 수 있다. 세 가지 유형 사이의 차이를 보다 극명하게 보여주기 위해 세 가지 휴먼서비스 프로그램에 대한

[표 7.2] 산출, 품질 그리고 결과 성과측정 간의 차이점

---

1. 정보 제공 및 의뢰
   a. 중간산출 성과측정   의뢰 1건
      (서비스 단위)
   b. 품질 범주의 산출   적절한 의뢰 1건
   c. 결과 성과측정
      (1) 중간   원조를 받고 있는 한 명의 클라이언트

---

2. 가정배달 식사
   a. 중간산출 성과측정   식사 1건
      (서비스 단위)
   b. 품질 범주의 산출   식지 않은 식사 배달 1건
   c. 결과 성과측정
      (1) 중간   좋은 영양상태를 유지하고 있는 한 명의 클라이언트
      (2) 최종   자신의 집에서 생활을 유지하는 한 명의 클라이언트

---

3. 상담
   a. 중간산출 성과측정   한 시간
      (서비스 단위)
   b. 품질 범주의 산출   한 시간의 상담 기록
   c. 결과 성과측정
      (1) 중간   행동이나 상태의 개선을 보여주는 한 명의 클라이언트
      (2) 최종   상담을 더 이상 필요로 하지 않는 한 명의 클라이언트

산출 성과측정, 품질 성과측정, 그리고 수량집계 결과성과를 [표 7.2]에 함께 정리해 놓았다.

[표 7.2]는 산출, 품질, 그리고 결과 성과측정으로서 수량집계가 실제로 하나의 휴먼서비스 프로그램의 다른 범주들을 어떻게 측정하는지를 보여준다. 결과 성과측정으로서 수량집계가 클라이언트에 초점을 맞추는 반면, 산출 성과측정과 품질 범주의 산출은 서비스에 초점을 맞춘다. 산출 성과측정

은 각 프로그램에서 제공된 서비스가 얼마인가에 대한 정보를 획득하기 위해서 설계된다. 품질 성과측정은 각 프로그램에서 제공된 서비스의 품질에 대한 정보를 획득하기 위해 고안된다. 결과 성과측정으로서 수량집계는 클라이언트의 삶의 질 변화로 측정된 프로그램 각각의 결과나 영향 또는 성취에 대한 정보를 제공하기 위해 설계된다.

3. 플로리다 주의 보건재활복지국

1989년에 휴먼서비스 프로그램에 대한 결과 성과측정으로서 수량집계 개발을 용이하게 하기 위해 FHRS의 최고 관리자 및 중간 관리자와 함께 하는 하계 연수회가 있었다. FHRS 직원들은 휴먼서비스 프로그램의 다섯 가지 주요 집단 각각에 대해 초기 수량집계를 개발했다 : ① 노인과 성인 서비스 ② 알코올, 마약, 그리고 정신건강 서비스 ③ 고용 서비스 ④ 아동, 청소년 그리고 가족 서비스 ⑤ 발달 장애인들을 위한 서비스.

FHRS에서 개발한 수량집계의 대표적인 몇몇 예들은 다음에서 자세히 보여 줄 것이다. 제시된 수량집계가 규정된 휴먼서비스 프로그램에 이용될 수 있는 필수의 유일한 방법도 아니고 반드시 가장 최상의 가능한 선택도 아니다. 단지 휴먼서비스 기관이 어떠한 임무를 시작할 때 결과 성과측정으로 수량집계를 적절히 고려할 수 있도록 하기 위한 것이다.

□ 노인과 성인 서비스

1. 성인 주간보호 서비스

a. 독립적인 생활로 돌아간 클라이언트 한 명

b. 장기 보호시설에 입소하는 것을 예방한 클라이언트 한 명

c. 요양시설(nursing home)에 입소한 클라이언트 한 명

2. 사례 관리

a. 자신의 집에서 생활을 유지하게 된 클라이언트 한 명

b. 독립적 생활로 돌아간 클라이언트 한 명

c. 더 이상 서비스가 필요 없게 된 클라이언트 한 명

3. 집단 급식

a. 자신의 집에서 생활을 유지하게 된 클라이언트 한 명

b. 독립적 생활로 돌아간 클라이언트 한 명

c. 더 이상 서비스가 필요 없게 된 클라이언트 한 명

4. 생활수단을 잃은 주부 프로그램

a. 고용된 클라이언트 한 명(전일제 또는 시간제)

5. 집으로 배달되는 식사 프로그램

a. 자신의 집에서 생활을 유지하게 된 클라이언트 한 명

b. 독립적인 생활로 돌아간 클라이언트 한 명

c. 더 이상 서비스가 필요 없게 된 클라이언트 한 명

6. 가정봉사원 서비스

a. 자신의 집에서 생활을 유지하게 된 클라이언트 한 명

b. 독립적 생활 상태로 돌아간 클라이언트 한 명

c. 더 이상 서비스가 필요 없게 된 클라이언트 한 명

□ 알코올, 마약, 그리고 정신 건강

1. 성인 입원치료

a. 마약 또는 알코올을 끊은 클라이언트 한 명

b. 정규적인 약물치료를 받는 클라이언트 한 명

c. 형사재판 체계와 접촉하는 클라이언트 한 명

d. 의료적인 치료를 위해 입원을 요구하는 클라이언트 한 명

e. 상습범인 클라이언트 한 명

☐ 고용 서비스

1. 훈련

a. 일자리를 구하는 클라이언트 한 명

b. 최소 6개월, 1년 동안 고용된 상태로 있는 클라이언트 한 명

☐ 발달 장애

1. 행동 관리

a. 부적응 행동을 보이는 것으로 보고된 클라이언트 한 명

b. 사례 파일에 현재의 행동에 대한 점검표가 있는 클라이언트 한 명

☐ 아동, 청소년 그리고 가족

1. 주간 보호

a. 주간 보호로 인해 일자리를 찾거나 유지시킬 수 있는 클라이언트 한 명

b. 더 이상 서비스가 필요 없는 클라이언트 한 명

2. 아동 학대 및 방임

a. 더 이상 학대나 방임되지 않는 클라이언트 한 명

3. 거주지 없는 청소년의 비행

a. 청소년 재판 조직과 접촉하는 클라이언트 한 명

b. 12개월 이내에 새로운 위반으로 의뢰된 클라이언트 한 명

c. (살인, 방화, 강도 등의) 중죄로 의뢰된 클라이언트 한 명

d. 학교에 현재 등록된 클라이언트 한 명

e. 현재 수업에 참여하는 클라이언트 한 명

f. 학교에서 지속적으로 학년 시험을 통과하는 클라이언트 한 명

4. 단기 쉼터

a. 자신의 집으로 돌아 간 클라이언트 한 명

b. 쉼터를 떠난 후 12개월 이내에 위반(가벼운 범죄)으로 구속된 클라이언트 한 명

c. 다른 보호소로 보내진 클라이언트 한 명

5. 집중적 위기 상담

a. 가족 폭력 발생이 전혀 보고되지 않은 클라이언트 한 명

4. 수량집계에 대한 선호도

GASB에서 무기한 진행되고 있는 SEA 보고 자료에서 사용된 결과 성과측정의 예들은 사실상 모두 수량집계이다. 뿐만 아니라 주나 지방정부 수준의 SEA 보고에 대한 시범사업을 측정하는 보고서에서도 압도적인 수가 수량집계를 사용하고 있다(e.g., Carpenter, Ruchala, & Waller, 1991; Hatry, Fountain, Sullivan, & Kremer, 1990). 이러한 영향 때문에 SEA 보고를 하고자 하는 주나 지방정부의 휴먼서비스 기관들도 수량집계를 강력하게 선호하고 있다. 예를 들어, 아리조나의 포에닉스(Phoenix; 1992), 플로리다의 팜비치(Palm Beach County; 1994), 오레곤의 멀트

[표 7.3] 결과 성과측정의 수량집계에 대한 사정

• 유용성	높음
• 타당성	낮음 ~ 중간
• 신뢰도	높음
• 정확성	낮음
• 실행가능성	높음
• 비용	낮음 ~ 중간
• 단위비용보고	높음

노막시(Multnomah County, 1993)에서 휴먼서비스 프로그램에 대한 SEA 보고를 시행하고 있고, 모든 보고서에서 결과 성과측정으로 수량집계를 선택하고 있다.

GPRA(1993)에 따라 연방 프로그램의 결과 성과측정을 개발하는 최초의 시범사업 보고서 또한 수량집계를 선택한 것을 볼 수 있다(e.g., Hatry & Wholey, 1994). 마지막으로 휴먼서비스 프로그램에서 클라이언트의 성과를 모니터하는 일부 연구도 마찬가지로 결과 성과측정의 수량집계를 제안하였다. 예를 들어, Miller & Miller(1981)는 수량집계는 모든 휴먼서비스 프로그램의 결과 성과측정으로 사용되어야 한다고 주장한다. Kuechler(1988) 등은 수량집계가 휴먼서비스 프로그램에서 선호되는 이유가 휴먼서비스 프로그램이 비교적 정의하고 사용하고 해석하기 용이하기 때문이라고 제안하였다.

수량집계는 정부의 휴먼서비스 프로그램을 포함해서 그 외 정부 프로그램의 결과 성과측정으로 선택되고 있다. 그러나 이러한 선택은 한 가지 문제점을 유발할 수 있다. 만일 어떤 특별한 휴먼서비스 프로그램의 경우, 결과 성과측정으로 클라이언트의 만족이나 LOF척도, 표준화 된 측정을 사용하는 것을 더 선호하지만 정부의 보고서나 어떤 관계자들이 수량집계를 사용한다면 어떻게 해야 할 것인가? 그 해답은 표준화된 척도, LOF척도, 그리고 클라이언트 만족도를 수량집계로 전환하는 방법을 찾는 것이다. 제8, 9, 10장에서 다룰 표준화된 척도, LOF척도, 그리고 클라이언트 만족도에서는 결과 성과측정을 수량집계로 전환하는 방법을 제안할 것이다.

5. 수량집계에 대한 사정

[표 7.3]은 결과 성과측정의 한 유형으로 수량집계를 측정한 것이다. 유용성, 타당성, 신뢰도, 정확성, 실행가능성, 비용, 단위비용 보고가 사정의 기준으로 사용되었다.

결과 성과측정에서 수량집계 사용의 유용성은 높게 평가된다. 왜냐하면 대다수의 주요 관계자들이 다른 유형에 비해 수량집계를 더 선호하는 경향을 보이기 때문이다.

수량집계 사용의 타당성은 중간 정도보다 낮게 평가된다. 수량집계의 타당성은 각각의 휴먼서비스 프로그램과 수량집계 사이의 의미 있는 원인-효과 관계가 얼마나 현실적이고 직접적인가에 달려있다. 결과 성과측정으로 사용하기 위해서 선택된 수량집계가 과연 휴먼서비스 프로그램에 참여한 클라이언트의 삶의 질 변화를 실제로 측정할 수 있는가? 아니면 또 다른 요소들도 측정해야 하는가? 수량집계에서 높은 유용성을 갖고 있는 예/아니오 형식의 이분법적인 특성도 타당성에서는 심각한 문제를 갖는다. 클라이언트의 삶의 질 변화를 단지 흑/백 또는 예/아니오 라는 범주로 묶는 것 자체에 어려움이 있을 뿐 아니라 종종 부정확할 수 도 있다. 이 외에 타당도의 또 다른 문제는, 기관 파일이나 보고서에 자주 사용되는 수량집계 자료들이 종종 눈에 띄게 불완전하거나 오류를 범하기 쉬운 경향이 있다는 것이다(Miller & Miller, 1981).

수량집계는 신뢰도에서 높게 평가된다. 간단한 수량집계의 이분법적인 특성('예' : 클라이언트가 삶의 질 변화를 달성한 경우, '아니오' : 클라이언트가 삶의 질 변화를 달성하지 못한 경우)은 시간 경과에 따른 신뢰도가 높게 평가될 뿐 아니라 상호 신뢰도도 높게 나타난다.

반면에 수량집계의 정확성은 낮게 평가된다. '예/ 아니오'의 특성 때문에 수량집계는 클라이언트 삶의 질 변화의 정도(질적인 것이든 양적인 것이든)에 대해서는 다루지 않는다. 따라서 수량집계는 결과 성과측정의 몇몇 다른 유형들보다 상당히 정확하지 못하다.

수량집계의 실행가능성은 높게 평가된다. 수량집계는 개발하고 설명하기에 매우 용이하기 때문이다. 또한 클라이언트의 비밀을 보장해야 하는 등의 윤리적인 문제들도 피할 수 있다. 행정상으로 수량집계는 어떤 심각한 문제를 갖지 않는다. 특히 이미 수집하는 작업에 들어간 자료들을 수량집계로 사용할 때는 더욱 그렇다. 결과 성과측정으로 수량집계를 강력하게 지지하는 관계자에게 그 결과가 강점으로 작용할 때 결정적으로 수량집계는 정치적으로도 어떤 이점이 될 수 있다.

수량집계는 비용에 있어서 중간 정도 보다 낮게 평가된다. 만일 수량집계로 사용될 수 있는 자료들이 이미 수집되어 있다면 비용은 적게 들것이고, 만일 추가적인 자료들을 더 모아야 하거나 양식을 재 설계하거나, 또는 컴퓨터 프로그램을 변경해야 한다면 비용은 그 보다 많이 들어갈 것이다.

수량집계의 단위비용보고는 높게 평가된다. 단위비용보고는 사실상 수량집계 용도에 맞게 맞추어 만드는 경향이 있는데, 이는 수량집계가 단순한 명목으로 표현될 수 있기 때문이다.

모든 것을 고려해 볼 때, 수량집계는 사정의 기준을 잘 세우는 경향이 있다. 수량집계는 사용하기에 쉽고, 보고하는 데도 용이하며 또, 설명하기도 싶다. 그러나 다른 결과 성과측정 유형에 비해 정확성과 타당성에서는 부족하다. 요컨대, 수량집계를 사용할 경우 유용성 범주에서는 높은 점수를 얻지만, 정확성과 타당성 면은 고려해야 할 것이다. 만일 어떤 휴먼서비스 프로그램에서 타당성과 정확성을 다소 강화하고 유용성 측면을 얼마간 희생하려 한다면 표준화된 척도나 LOF척도가 아마도 더 적당할 것이다.

제8장에서는 결과 성과측정의 네 가지 유형 중 가장 정밀하고 타당한 표준화된 척도에 초점을 두고 논의하고자 한다.

제 **8** 장

표준화된 척도

제 7장에서 논의한 바와 같이, 수(數)로 계산하는 것은 결과 성과측정으로서 많은 이점을 갖는다. 반면 약간의 단점도 갖고 있다. 주된 단점은 수량화하는 것이 다양한 클라이언트의 삶의 질 변화를 포착하기 어렵다는 점이다.

어떤 휴먼서비스 프로그램은 수량화의 본질인 예/아니오, 혹은 흑/백으로 제공되는 정보보다 더 섬세한 결과 성과측정을 필요로 할 수 있다. 예를 들어, 임상적인 사정과 개입을 포함하는 휴먼서비스 프로그램은 클라이언트의 향상된 정도를 추적 가능하도록 좀더 섬세한 결과 성과측정을 필요로 할 것이다. 이러한 측면에서 볼 때, 표준화된 척도는 아마도 네 가지 결과 성과측정 형태 중 가장 민감하다.

1. 표준화된 척도는 무엇인가

표준화된 척도는 클라이언트의 삶의 질 변화를 사정하는 확인되고, 믿을

만하고, 표준화된 사전-사후 검사이다. 몇몇의 표준화된 척도는 클라이언트와 클라이언트의 가족 모두에 초점을 둔다. 표준화된 척도도구들은 비교적 싼값은 아니지만 일반적으로 사용이 가능하다. 많은 표준화된 척도는 저작권이 보호되어 있고 지속적으로 사용료를 지불하는 등 저작권 소유의 허가를 받아야만 사용할 수 있다. 표준화된 척도는 두 가지 공통점을 가진다.

첫째, 일반적으로 클라이언트—때로는 클라이언트 가족까지—의 상태, 행동, 태도, 감정, 인간 내적 또는 상호관계 기능, 성격 발달, 그리고 그 외 차원의 특질에 관한 정보를 얻기 위해 고안된 한 질의 구조화된 질문들로 구성된다.

둘째, 일반적으로 표준화된 척도는 이를 시행하고 점수로 환산하는 한 질의 일정한 과정을 포함하는데, 이 때 단일한 점수로 산출하는 것은 측정된 정보의 양, 강도, 또는 정도를 평가하는 데 유용하다(Leavitt & Reid, 1981).

Hudson(1992)이 개발한 것과 같은 몇몇의 표준화된 척도는 임상적인 기준 점수(clinical cutting score)를 갖고 있다. 만약, 표준화된 척도에서 클라이언트의 점수가 이 기준에 준해서 하한선을 넘으면 임상적으로 개입할 수 있는 상황이 존재함을 암시한다. 예를 들어, Herdson(1992)의 결혼만족지표의 경우 30점이 임상 기준점수인데, 만약 이 측정결과 클라이언트의 점수가 30점이 넘으면, 클라이언트는 임상적인 개입이 필요하다는 것이다.

어떤 표준화된 척도는 측정해야할 내용이 많고 클라이언트에 대한 철저한 사정을 시도한다. 신속 사정 도구(rapid assessment instrument)라 불리는 것들은 간결한 경향이 있다. 이러한 간결성이 RAI가 널리 사용되는 원인이다. 휴먼서비스 프로그램에서 결과 성과측정으로 쓰이는 표준화된 척도의 대부분이 RAI이다. Leavitt와 Reid(1981)는 RAI가 다른 표준화된 척도와 구별되는 열 한 가지 특징을 확인했다.

1. 자기 보고 형식의 평가로 클라이언트가 직접 기입한다.

2. 분량이 적고(1,2장), 관리하거나 완성하기 쉽다(대개 15분 이내).

3. 대개 간결하고 단순한 언어로 쓰여져서 클라이언트가 이해할 수 있다.

4. 신속하게, 종종 클라이언트 면전에서 점수화 될 수도 있다.

5. 측정결과에 대한 해석이 수월하고 분명하다.

6. 임상에서 활동하는 사회복지사가 이를 측정도구로 사용할 경우 이를 실행하는 과정에서 광대한 지식이 필요 없다.

7. 특별한 이론적인 관점이 필요 없다.

8. 상담할 때 논의될 클라이언트의 개인적인 상황에 대한 정보 뿐 아니라 클라이언트 문제에 대한 조직적인 개요를 제공하다.

9. 산출된 점수는 클라이언트 문제의 정도, 강도, 크기에 대한 목록을 제공한다.

10. 수집된 정보는 표준화되고 비교 가능한 구조화된 의미를 제공한다. 이는 한 명의 클라이언트에 대해 평가하거나 또는 여러 명의 클라이언트간에 비교 평가하고, 또 이를 표준화하여 비교 가능하게 한다.

11. 1회의 기초조사로 사용하거나 또는 반복하여 측정할 수도 있다. 여러 차례의 측정 결과(점수)를 비교함에 있어서 시간이 경과할수록 클라이언트 문제가 변화되었다는 정보는 보다 감소할 수 있다. 얻어진 점수는 쉽게 그리고 가시적으로 변화를 보여주는 단일체계 설계도표(single-system design chart)로 표현될 수 있다(Quated in Fischer & Corcoran, 1994, pp. 35-36).

[표 8.2]은 클라이언트의 스트레스를 사정하는데 사용하는 빠른 사정 도구의 예이다.

[표 8.1] 표준화 척도(RAI)의 예

INDEX OF CLINICAL STRESS (ICS)

Name: _________________________ Today's Date: _____________________________

This questionnaire is designed to measure the way you feel about the amount of personal stress that you experience. It is not a test, so there are no right or wrong answers. Answer each item as carefully and accurately as you can by placing a number beside each one as follows.

1 = None of the time	2 = Very rarely
3 = A little of the time	4 = Some of the time
5 = A good part of the time	6 = Most of the time
7 = All of the time	

---

1. _____ I feel extremely tense.
2. _____ I feel very jittery.
3. _____ I feel like I want to scream.
4. _____ I feel overwhelmed.
5. _____ I feel very relaxed.
6. _____ I feel so anxious I want to cry.
7. _____ I feel so stressed that I'd like to hit something.
8. _____ I feel very calm and peaceful.
9. _____ I feel like I am streched to the breaking point.
10. _____ It is very hard for me to relax.
11. _____ It is very easy for me to fall asleep at night.
12. _____ I feel an enormous sense of pressure on time.
13. _____ I feel like my life is going very smoothly.
14. _____ I feel very
15. _____ I feel like I am on the verge of a total collapse.
16. _____ I feel that I am losing control of my life.
17. _____ I feel that I am near a breaking point.
18. _____ I feel wound up like a coiled spring.
19. _____ I feel that I can't keep up with all the demands on me.
20. _____ I feel very much behind in my work.
21. _____ I feel tense and angry with those around me.
22. _____ I feel I must race from one task to the next.
23. _____ I feel that I just can't keep up with everything.
24. _____ I feel as tight as a drum.
25. _____ I feel very much on edge.

출처 : Hudson(1992, P.34.) Copyright ⓒ 1990 by Walter W. Hudson and Neil Abell. Illegal to Photocopy or otherwise reproduce. Reprinted by permission.

2. 표준화된 척도의 유형

표준화된 척도는 아래에 논의된 여러 방법에 따라 다양화 될 수 있다. 여기에는 ① 어디에 초점을 두는가 ② 누가 그것을 작성하는가 ③ 응답을 어떻게 구조화하는가가 포함된다.

어디에 초점을 두는가

[표 8.2]에 설명한 바와 같이, 표준화된 척도는 초점을 어디에 두는냐에 따라 매우 폭넓게 변화한다. 예를 들어, 표준화된 척도는 아동, 부부, 가족, 성인, 또는 노인과 같은 인구집단에 초점을 둘 수 있다. 가족 사정 도구(Family Assessment Device-FAD)는 인구집단에 초점을 둔 표준화된 척도의 예이다. 어떤 표준화된 척도는 행동에 초점을 둔다. 폭력, 부모 행동, 구직 행동, 건강관련 실천, 자기주장, 그리고 그 외 많은 행동들이 표준화된 척도를 사용하여 사정될 수 있다. 또 하나의 변수는 태도이다. 예를 들어 자기자신, 자녀, 중요한 사람들에 대한 태도는 클라이언트와 클라이언트 가족을 상담할 때 사용된다.

표준화된 척도는 또한 문제에 초점을 둔다. 마약이나 알코올의 사용, 신체적 건강, 사회적 기능장애, 일상적인 삶의 기본적 활동과 능력 같은 문제는 표준화된 척도를 사용하여 사정할 수 있다. Hudson(1990)은 다중문제검색 목록(Multi-Problem Screening Inventory : MPSI)을 개발했다. 몇몇의 표준화된 척도는 개인 내적인 기능 또는 대인관계의 기능에 초점을 둔다. 개인 내적 기능의 측정은 기질, 자아 존중감, 사고, 우울과 같은 영역

[표 8.2] 표준화된 척도의 초점

Focus	Example
인구집단 (Population)	아동의 사회적절성 척도(Young Children's Social Desirability Scale : YCSD) 26개의 항목, 사회적 승인(social approval)에 대한 아동의 욕구사정
문제(Problem)	아동학대 가능성 목록(Child Abuse Potential : CAP) Inventory 부모 및 장래에 부모가 될 사람들이 아동을 학대할 가능성을 측정하는 160개 문항의 목록
행동(Behavior)	미취학 행동평가 척도(Preschool Behavior Rating Scale) 여러 다른 수준에서 취학 전 아동의 발달을 평가하는 20개 문항의 척도
태도(Attitude)	매릴랜드 주 부모태도조사(Maryland Parent Attitude Survey : MPAS) 자녀 양육에 대한 부모 태도를 측정하는 95개 문항의 척도
개인 내적 기능 (Intrapersonal functioning)	일반화된 성공 예상 척도(Generalized Expectancy for Success Scale) 목표 달성 능력에 대한 개인의 신념 측정
대인관계 기능 (Interpersonal functioning)	가족관계 지수(Index of Family Relations) 가족관계를 측정하는 25개 문항의 척도
발달 (Development)	발달 프로필 II (Developmental Profile II) 9세 이하 아동의 발달을 측정하는 186개 문항의 척도
성격 특성 (Personality traits)	대인호감 척도(Liking People Scale) 개인이 사회적 상호관계를 추구하는지 아니면 피하는지에 관해 측정
성취 (Achievement)	취업기술사정 프로그램(Career Skills Assessment Program) 취업 개발에 중요한 영역에서 학생의 능력을 측정
인지 (Knowledge)	인지 척도(Knowledge Scale) 2세 이하 아동이 적절히 성장하고 행동하게 할 수 있는 부모지식을 측정하기 위한 73개 문항의 척도
적성(Aptitude)	차별적 적성검사(Differential Aptitude Tests) 언어 표현력 및 추리력, 철자법, 교육의 욕구, 취업 진로를 사정하기 위한 일련의 통합된 측정
서비스(Service)	재가보호, 주간보호가정, 주간보호센터에 대한 시애틀/킹 카운티 4C 평가(Seattle/King County Four C's Evaluation Checklist for In-Home Care, Day Care Homes, and Day Care Centers) 아동보건 및 영양과 직원-아동간의 상호관계를 측정

* 각 척도에 대한 참고내용은 본 장의 마지막 부분에 있다.

을 포함하는데 반하여, 대인관계 기능의 측정은 가족과 다른 사회적 만남을
포함하는 타인과의 관계에서 클라이언트의 능력을 다룬다.

　아동에게 사용되는 많은 표준화된 척도는 발달에 초점을 둔다. 예를 들어
잘 알려진 미네소타 다중인성검사(Minnesota Multiphasic Personality
Inventory : MMPI)는 성격의 윤곽을 잡는 노력으로 성격적 특성에 초점
을 둔다. 직업훈련 프로그램에서 사용되는 많은 표준화된 척도는 능력, 지
식, 적성과 같은 요인들에 초점을 두고 있다. 몇몇의 표준화된 척도는 서비
스에 초점을 둔다(예를 들면, 아동보육과 위탁 등). 이렇게 목록을 작성하는
것은 그것에 대해 철저하게 연구한다는 것보다는 어떤 설명을 제공하는 것
을 의미한다. 각 목록들은 상호 배타적일 필요는 없다.

누가 작성하는가

　표준화된 척도는 또한 누가 그것을 완성하느냐에 따라 달라진다. 많은 표
준화된 척도는 클라이언트가 작성되도록 고안되었다. 예를 들어, Hudson
(1990)의 대인적응 측정(personal adjustment measures)은 클라이언트
자신이 완성하도록 되어 있다. 이러한 측정도구는 그 범위 내에서 클라이언
트가 자신의 행동과 감정을 어떻게 지각할지 결정하도록 돕는다. 그 외에
여전히 전문가나 지식이 풍부한 제 삼자가 작성하도록 고안된 측정도구도
있다. 고령의 클라이언트의 일상활동 수행능력을 사정하는 데 사용되는 많
은 표준화된 척도가 클라이언트, 보호자, 친척, 또는 전문가에 의해 완성될
수 있다.

어떻게 응답을 구조화하는가

　표준화된 척도는 또한 응답을 구조화하는 것에 따라서도 다양해 질 수

있다. 대부분의 표준화된 척도는 빈도를 나타내는 Likert-type척도를 사용
한다. Hudson(1990)의 표준화된 척도의 대부분은 7점 척도를 사용하는데,
1 = 한 번도 없음(none of the time), 2 = 거의 없음(very rarely), 3 = 간
혹 있음(a little of the time), 4 = 종종 있음(some of the time), 5 = 매
우 자주 있음(a good part of the time), 6 = 거의 항상 있음(most of
the time), 7 = 언제나 있음(all of the time)으로 분류된다. 부부의 의사
소통 기술 평가 척도(The Marital Communications Skills Rating
Scale)는 1에서 10까지의 척도를 제공하는데 낮은 것이 부적절한 것이고
높은 것이 적절한 것이다. 어떤 응답 척도는 양극단의 간결한 형식을 취하
는데, 이런 경우 응답자에게 클라이언트를 가장 정확하게 설명할 수 있는
수준을 선택하도록 요구한다.

3. 결과 성과측정으로서 표준화된 척도

휴먼서비스 프로그램의 결과 성과측정으로서 표준화된 척도를 사용하는
데에는 여러 가지 행동이 요구된다. 첫째로 휴먼서비스 프로그램에서 사용
될 표준화된 척도의 종류와 수를 결정해야 한다. 모든 성과측정을 하는 경
우, 선택 과정에서 관계자들이 포함되어야 한다.

둘째, 휴먼서비스 프로그램이 시작되는 시점에서 모든 클라이언트는 선
택된 표준화된 척도로 사정해야 한다. 이러한 면이 앞서 기술한 내용, 즉 결
과 성과측정 자료는 치료나 서비스를 완료한 클라이언트를 위해서만 수집
되고 보고된다는 내용과 다르게 보여질 수 있다. 그러나 이는 모순된 것이
아니다. 휴먼서비스 프로그램에 참여하는 모든 클라이언트에게 선택된 표준

화된 척도를 사용하는 것은 각 개인의 기초선을 세우는데 필요하다. 어떤 클라이언트가 치료를 완료할 수 있는지 없는지를 아는 것은 중요하기 때문에 기초선은 모든 클라이언트를 위해 개발되어야 한다.

셋째, 클라이언트는 휴먼서비스 프로그램에 참여한다. 넷째로 선택된 표준화된 척도는 치료를 완료하거나 모든 서비스를 완전하게 받은 클라이언트에게 시행된다. 만약 표준화된 척도가 치료 완료 혹은 모든 서비스를 완전하게 받은 즉시에 치료성과를 위해 작성된다면 이는 중간결과 성과측정이 된다. 표준화된 척도가 클라이언트의 치료 후 성과를 위해 사용될 때, 그 자료는 최후의 결과 성과측정이 된다.

다섯째, 클라이언트 각자의 기초선, 치료성과, 치료 후 성과를 비교한 자료가 만들어진다. 만약 비교 결과, 클라이언트가 바람직한 상태, 지위, 행동, 기능, 태도, 감정, 지각으로 향하는 움직임이 있거나, 아니면 바람직하지 못한 상태, 지위, 행동, 기능, 태도, 감정, 인식에서 멀어지는 움직임이 나타나면, 이는 클라이언트 삶의 질이 변화하고 있음을 나타내는 것이다.

4. 표준화된 척도를 수량집계로 전환하기

성과측정이 그 분석 단위로 프로그램을 활용하기 때문에, 휴먼서비스 프로그램 수준에 따라 각 클라이언트에 대한 표준화된 척도 자료를 모으는 어떠한 과정이 개발되어야 한다. 표준화된 척도가 수량집계로 어떻게 바뀌는지를 고려함에 있어, 치료를 완료했거나 서비스를 완전하게 받은 모든 클라이언트를 두 개의 집단, 즉 ① 향상된 점이 보이는 클라이언트와 ② 그 외의 클라이언트로 나누는 것이 유용하다. 향상된 점을 보여주는 클라이언트

에 대한 자료를 처리할 때에는 다음의 범주를 사용하여 수량집계를 개발할
수 있다.

1. 측정 가능한 향상된 점을 보여주는 클라이언트의 수
2. 치료를 완료했거나 모든 서비스를 완전하게 받은 클라이언트(예를 들
   어, n=100) 중 향상된 점을 보여주는 클라이언트의 비율(예를 들어 %
   = 67)
3. 임상적으로 향상된 점을 보여주는 클라이언트의 수. 임상적으로 향상
   되었다는 것은, 클라이언트의 기초선은 임상적인 기준 점수 이상이었
   는데 치료성과와 치료 후 성과가 임상적인 기준점수 이하로 나타났을
   경우를 말한다
4. 치료를 완료했거나 서비스를 완전하게 받은 클라이언트 중 임상적으로
   향상된 점을 보이는 클라이언트의 비율
5. 목표한 수준만큼 향상된 면을 나타낸 클라이언트의 수
6. 치료를 완료했거나 서비스를 완전하게 받은 전체 클라이언트 수 중 목
   표한 수준만큼 향상된 면을 나타내는 클라이언트의 비율

목표한 수준만큼 향상되었다는 것은 개념적으로 부가적인 설명이 필요하
다. 어떤 클라이언트는 자원하여 스스로 목표 수준을 세울 수도 있다. 예를
들어, 어떤 부부는 그들의 결혼 만족도를 높이는 것을 희망할 수도 있다. 이
때 Hudson(1992)의 결혼만족척도(Index of Marital Satisfaction)를
사용할 수 있는데, 측정 결과 그 부부의 기초선은 50점이었고 치료자와 함
께 40점으로 감소시키기는 것을 계약 할 수 있다. 치료성과, 치료 후 성과
점수가 40점이거나 혹은 그 이하라면, 부부는 목표한 수준을 달성한 것이

[표 8.3] 결과 성과측정으로서 표준화된 척도의 사정

• 유용성	낮음 ~ 높음
• 타당성	높음
• 신뢰도	높음
• 정확성	중간 ~ 높음
• 실행가능성	낮음
• 비용	높음
• 단위비용보고	낮음

다. 이러한 방식은 자원한 클라이언트에게 쓰여질 수 있다.

복합적인 표준화된 척도를 사용한 휴먼서비스 프로그램의 경우, 수량집계 자료들은 각각의 표준화된 척도에서 획득된 각 특성들을 수집하고 보고하는데 사용될 수 있다. 예를 들어, 복합적인 표준화된 척도를 사용한 노인재가서비스 프로그램에서, 표준화된 척도를 사용하여 얻은 클라이언트의 향상된 측면을 보다 명확하게 보여주기 위해서는 수량집계로 보고하는 것이 더욱 적절할 수 있다(예, 일상적인 활동, 사회적 접촉, 신체적 건강 등). 또한 이러한 접근방법은 관계자들과의 의사소통에서도 이점을 갖는다.

5. 표준화된 척도에 대한 사정

[표 8.3]은 결과 성과측정으로서의 표준화된 척도에 대한 사정 결과이다. 수량집계에서와 같이 유용성, 타당성, 신뢰도, 정확성, 실행가능성, 비용, 단위비용보고를 기준으로 한다.

결과 성과측정으로서 표준화된 척도의 유용성은 낮은 정도에서부터 높은 정도까지 폭넓게 평가된다. 직접 서비스를 제공하는 직원과 프로그램 행정 가와 같은 관계자에게는 높은 유용성을 갖지만, 이것을 사용하고 점수화하고 해석하는데 어려움이 있는 다른 관련자들(예를 들어 시민, 선출 공무원, 자금자원기관)에게는 유용성이 낮다.

표준화된 척도의 타당성과 신뢰도는 높게 평가된다. 표준화된 척도는 정확하고 신뢰할 수 있는 측정으로 정의된다. 그러나 여러 클라이언트를 대상으로 성립된 신뢰도와 타당성의 수준이 한 명의 어떤 특별한 클라이언트에게 똑같이 적용될 수 없다는 것을 기억해야 한다. 더욱이 어떤 한 개의 표준화된 척도가 클라이언트의 중요한 특성 모두를 민감하게 측정해 내는 데에는 불충분 할 수도 있다.

표준화된 척도의 정확성은 사용된 개별 표준화된 척도와 그것의 척도를 구성하는 항목의 수에 근거하여 중간에서 높은 정도까지 평가된다. 몇몇의 표준화된 척도는 다른 것들보다 좀더 정밀하다. Hudson(1992)의 척도와 같은 표준화된 척도는 임상적인 불안을 사정하기 위해 25개의 항목을 사용한다. 이것은 아마도 5개 내지 10개의 항목을 사용하는 표준화된 척도보다 좀더 정밀할 것이다.

표준화된 척도의 실행가능성은 낮은 것으로 평가된다. 대부분의 표준화된 척도도구는 구입해야 한다. 또 이를 실행하고 해석하기 위해서는 적절하게 훈련받고 그 측정도구에 익숙해 져야 한다. 따라서 프로그램 수준에 적합한 자료들을 모아야 하는 것 뿐만 아니라 그 도구를 사용하고 점수화하는 데에도 상당한 시간이 소모된다.

표준화된 척도에서의 비용은 위와 같은 이유 때문에 높다. 표준화된 척도의 단위비용보고는 낮게 나타난다. 그러나 한 개의 측정도구만을 사용했을 경우, 표준화된 척도가 얼마나 적절한 단위비용보고에 대한 정보를 제공할

수 있을 지는 의심스럽다. 예를 들어 표준화된 척도에서, 클라이언트의 점
수를 1점(혹은 몇 점) 감소시키는데 평균 $1,200 비용이 투입되었다는 식의
정보는 해석하는 데에 어려움이 있다(어쩌면 거의 불가능할지도 모른다).

6. 표준화된 척도의 선택에 도움되는 참고문헌

본 장의 표준화된 척도에 대한 자료들을 담고 있다. 우선, 세 개의 주요
참고문헌은 임상 사정에 유용한 광범위한 수준의 표준화된 척도에 관한 것
이다. 그 다음으로, 서비스나 클라이언트에 따라 사용할 수 있는 표준화된
척도 목록이 설명되어 있다. ① 가족과 아동 서비스, ② 취업 관련 서비스,
③ 노인을 위한 서비스

임상의 표준화된 척도

- Fischer, J., & Corcoran, K.(1994). Measures for clinical practice : Vol.
    1. Couples, families and children. New York: Free Press
- Fischer, J., & Corcoran, K.(1994). Measures for clinical practice : Vol.
    2. Adults. New York: Free Press
- Jordan, C., & Franklin, C.(1995). Clinical assessment for social workers.
    Chicago: Lyceum

가족, 아동 서비스에 관한 표준화된 척도

일반 참고문헌

- Magura, S., & Moses, B.S.(1987). Outcome measures for child welfare
    services. Washington, DC: Child Welfare League of America

• Magura, S., Moses, B.S. & Jones, M. A. (1987). *Assessment risk and measuring change in families: The gamily risk scales.* Washington, DC: Child Welfare League of America

유아를 대상으로 사용하는 표준화된 평가

• 척도 : Developmental Profile II

  자료 : Psychological Development Publication, P. O. Box 3198, Aspen, CO81611

• 척도 : Environmental Standards Profile: Method of Assessing Quality Group Care and Education of Young Children

  자료 :W. Fowler, Department of Applied Psychology, Ontario Institute for Studies in Education, 252 Bloor St. West, Toronto, Ontario, Canada

• 척도 : Preschool Behavior Rating Scale

  자료 : Barker, W. F., & Doeff, A. M.(1980). *Preshool behavior rating scale: Administration and scoring manual.* New York: Child Welfare League of America.

• 척도 : Seattle/King County Four C's Evaluation Checklists for In-Home Care, Day Care Homes, and Day Care Centers

  자료 : King County Child Care Coordinating Committee. (n.d.). *In-home care checklist, day care home checklist, day care center checklist.* Washington, DC: Day Care and Child Development Council oh America.

• 척도 : Young Children Social Desirability Scale (YCDS)

  자료 : Ford, L. H., & Rubin, B., M. (1970). A social desirability questionnaire for young children. *Journal of Consulting and Clinical Psychology, 35,* 195-204.

부모와 아동을 대상으로 하는 표준화된 척도

- 척도 : Adult-Adolescent Parenting Inventory (AAPI)
  자료 : S. J. Bavolek, Family Development Associates, P.O. Box 94365, Schaumberg, II. 60194.
- 척도 : Maryland Parent Attitudes Survey (MPAS)
  자료 : D. K. Pumroy, College of Education, University of Maryland, College Park, MD 20742
- 척도 : Parent-Child Interaction Rating Procedure (P-CIRP)
  자료 : Institute for Family and Child Study, Home Management Unit No. 2, Michigan State University, East Lansing, MI 48824.
- 척도 : Parental Contact Scale
  자료 : J. W. Hollander, Department of Psychology, Emory University, Atlanta, GA 30322.

가족을 대상으로 하는 표준화된 척도

- 척도 : Family Assessment Device (FAD)
  자료 : Family Research Program, Butler Hospital, 345 Blackstone Blvd., Providence, RI 92906.
- 척도 : Family Function Scale
  자료 : L. L. Geismar, Graduate School of Social Work, Rutgers University, New Brunswick, NJ 08903.
- 척도 : Family Service Association Follow-Up Questionnaire
  자료 : Family Service Association of America, 11700 West Lake Park Drive, Park Place, Milwaukee, WI 53224.
- 척도 : Index of Family Relation
  자료 : Hudson, W. H. (1982). *The clinical measurement package: A field manual*. Chicago: Dorsey Press.
- 척도 : Self-Report Family Instrument (SFI)

자료 : W. R. Beavers M.D., Southwest Family Institue, 12532 Nuestra, Dallas, TX 75230.

교육과 훈련을 위한 표준화된 척도

· 척도 : Child Abuse Potential (CAP) Inventory
  자료 : J. S. Milner, Department of Psychology, Western Carolina University, Cullowhee. NC 28723.
· 척도 : Knowledge Scale
  자료 : A. S. Epstein, High/Scope Education Research Foundation, 600 North River St., Ypsilanti, MI 48197
· 척도 : Parenting Stress Index
  자료 : R. R. Abidin, Institute of Clinical Psycholgy, University of Virginia, Charlottesville, VA 22903

취업 관련 표준화된 척도

작업태도와 기술에 관한 표준화된 척도

· 척도 : Career Skills Assessment Program
  자료 : Krumbolts, J. D., & Hamel, D. A. (Eds.).(1982). *Assessing career development*. Palo Alto, CA: Mayfield.
· 척도 : National Assessment of Education Progress
  자료 : Krumbolts, J. D., & Hamel, D. A. (Eds.).(1982). *Assessing career development*. Palo Alto, CA: Mayfield.
· 척도 : Job Training Assessment Program
  자료 : Kapes, J. T. & Mastie, M. M. (Eds.). (1982). *A counselor's guide to vocational guidance instruments*. Falls Church, VA: National Vocational Guidance Association.

읽기·쓰기 능력 검사에 관한 표준화된 척도

- 척도 : Differential Aptitude Tests
  자료 : Mastie, M. M. (1979). Review of the differential aptitude test. *Measurement and Evaluation in Guidance*, 2, 87-95.
- 척도 : General Aptitude Test Battery
  자료 : Angrisani, A.(1982). *U.S. Employment Service tests and assessment techniques*(USES Test Research Report No. 32). Washington, DC: U.S. Employment Service
- 척도 : Test of Adult Basic Education
  자료 : Kapes, J. T., & Mastie, M. M. (Eds.). (1982). *A counselor's guide to vocational guidance instruments*. Falls Church, VA: National Vocation Guidance Association.
- 척도 : Adult Basic Learning Education
  자료 : Kapes, J. T., & Mastie, M. M. (Eds.). (1982). *A counselor's guide to vocational guidance instruments.* Falls Church, VA: National Vocational Guidance Association.

사회 기술과 의사소통 기술을 검사하는 표준화된 척도

- 척도 : Career Skills Assessment Program
  자료 : Krumboltz, J. D., & Hamel, D. A. (Eds.). (1982). Assessing career development. Palo Alto, Ca: Mayfield.
- 척도 : Linking People Scale
  자료 : Filsinger, E. E. (1981). A measure of interpersonal orientation: The Linking People Scale. Journal of Personality Assessment, 45, 295-300
- 척도 : Assertive Job-Hunting Survey (SJHS)
  자료 : Becker, H. A. (1980). The assertive job-hunting survey. Measurement and Evaluation in Guidance, 13, 43-48

• 척도 : Generalized Expectancy for Success Scale
  자료 : Fibel, B., & Hale, W. D. (1978). The generalized expectancy for success scale: A new measure. *Journal of Consulting and Clinical Psychology*, 46, 924-931.

노인을 대상으로 한 표준화된 척도

복합적인 표준화된 척도

• 척도 : Mental status, functional status, physical status, economic status, and other
  자료 : Gallo, J. J., Reichel, W., & Anderson, L. (1988). *Handbook of geriatric assessment.* Rockville, MD: Aspen
• 척도 : Measures of physical, mental, and social functioning of clients in long-term care
  자료 : Kane, R. A., & Kanne, R. L. (1981). *Assessing the elderly: A practical guide to measurement. Lexington, MA*: D. C. Heath.
• 척도 : Measures of intellectual functioning, personality, morale and life satisfaction, self-concept, and others
  자료 : Mangen, D. J., & Peterson, W. A. (Eds.). (1982). *Clinical and social psychology Research instrument in social work gerontology* (Vol. 1). Minneapolis: University of Minnesota Press.
• 척도 : Socioeconomic status, kinship relations, religiosity, and other
  자료 : Mangen, D. J., & Peterson, W. A. (Eds.). (1982). *Social roles and social participation: Research instrument in social gerontology* (Vol. 2). Minneapolis: University of Minnesota Press.
• 척도 : Measures of health and health services use
  자료 : Mangen, D. J., & Peterson, W. A. (Eds.). (1984). *Health, program evaluation, and demography: Research instruments in social*

gerontology (Vol. 3). Minneapolis: University of Minnesota Press.

기능 수준을 평가하는 표준화된 척도

· 척도 : Katz Index of Activities of Daily Living (ADL)

  자료 : Katz, S., Ford, A. B., & Moskowitz, R. W. (1963). Studies of illness in the aged: The index of ADL. *Journal of the American Medical Association*, 185, 914-919.

· 척도 : Modified Barthel Index of Activities of Daily Living

  자료 : Mahoney, F. I., & Barthel, D. W. (1965). Functional evaluation: The Barthel index. *Rehabilitation*, 14, 61-65

  자료 : Granger, C. V., Albrecht, G. L., & Hamilton, B. B. (1970). Outcome of comprehensive medical rehabilitation : Measurement by PULSES profile and the Barthel index. *Archives oh Physicians Medical Rehabilitation*, 60, 145-154.

· 척도 : OARS Instrumental Activities of Daily Living Scale

  자료 : *The Older American Resources and Services (OARS) methodology: Multidimensional functional assessment questionnaire* (2nd ed.). Durham, NC: Duke University Center on Aging and Human Development.

· 척도 : The Five-Item Instrumental Activities of Daily Living Screening Questionnaire

  자료 : Fillenbaum, G. (1985). Screening the elderly: A brief instrumental activities of daily living measure. *Journal of American Geriatrics Society*, 33, 698-706.

사회의 위치를 평가하는 표준화된 척도

· 척도 : The Family APGAR

자료 : Smilkstein G., Ashworth, C., & Montano, D. (1982). Validity and reliability of the family APGAR as a test of family function. *Journal of Family Practice, 15,* 303-311.

- 척도 : Social Resources Section of OARS

  자료 : *The Older American Resources and Services (OARS) methodology: Multidimensional functional assessment questionnaire*(2nd ed., pp 157-162). (1978). Druham, NC: Duke University Center for the Study of Aging and Human Development.

- 척도 : Caregiver Strain Index

  자료 : Robinson, B. C. (1983). Validation of a caregiver strain index. *Journal of Gerontology, 38,* 344-348.

신체 건강을 평가하는 표준화된 척도

- 척도 : Cornell Medical Index

  자료 : Monroe, R. T., Whiskin, F. E., Bonacich, P., & Jewell, W. O., III. (1965). The Cornell medical index questionnaire as a measure of health in older people. *Journal of Gerontology, 20,* 18-22.

- 척도 : OARS Physical Health

  자료 : *The Older American Resources and Services (OARS) methodology: Multidimensional functional assessment questionnaire*(2nd ed.). (1978). Durham, NC: Duke University Center for the Study of Aging and Human Development.

제 9 장

기능수준 척도

어떤 휴먼서비스 프로그램은 클라이언트 삶의 질의 다양한 변화 정도를 포착할 수 있는 결과 성과측정을 요구할 수 있다. 그러나 아직은 이러한 요구에 적합한 표준화된 척도 도구를 찾는데는 어려움이 있다. 표준화된 척도는 휴먼서비스 프로그램에서 관심을 갖는 클라이언트 삶의 질 변화 모두를 측정할 수 있도록 개발되지는 않는다. 또한 대부분의 표준화된 척도는 어떤 일정한 클라이언트 집단에게는 부적절하기도 하다. 예를 들어, 성인을 위한 표준화된 척도는 청소년을 대상으로 할 때에는 부적절하다. 또 어떤 표준화된 척도는 '문화 경계'를 내포하고 있어 어떤 인종집단이나 최근의 이민자를 대상으로 할 때에는 부적절한 것이 된다. 결론적으로 어떤 휴먼서비스 프로그램은 단순히 클라이언트 개입 전후의 기능 수준을 포착할 수 있는 결과 성과측정 방법을 선호하게 된다. 기능수준 척도(Level of Functioning : LOF scale)가 바로 그것이다.

[표 9.1] 노인 집단급식 프로그램의 LOF척도

	가장 적절한 대답에 ○하시오.

1. 신체 외모   1   2   3   4   5
    level 1 : 외모에 대한 관심 또는 인식 결핍 : 개인위생과 의복 소홀히 함
    level 3 : 외모에 대한 관심을 언어적으로 표명 : 약간의 도움 요구됨
    level 5 : 외모와 개인위생에 대해 주의 깊게 관심을 갖음

2. 음식의 소비   1   2   3   4   5
    level 1 : 제공된 음식의 $\frac{1}{3}$ 이하 소비
    level 3 : 제공된 음식의 약 $\frac{1}{2}$ 소비
    level 5 : 일관되게 모든 음식 소비 : 두 번째 급식 요구됨

3. 체중   1   2   3   4   5
    level 1 : 나이와 체형에 따른 이상적 체중에 비해 지나친 과체중 또는 저체중
    level 3 : 과체중 또는 저체중이나 현 상태를 변화시키고자 하는 동기화 되어있음
    level 5 : 나이와 체형에 적합한 체중 유지

1. LOF척도는 무엇인가

LOF척도는 휴먼서비스의 결과 성과측정 중 상대적으로 최근에 개발되었다. LOF척도에 대해서는 여러 문헌에서 형식적으로 정의 내리기보다는 실례들을 통해 설명되어 왔다(Kettner et al., 1990; Kuechler et al., 1988). 조작적으로 정의할 때, LOF척도는 클라이언트 기능 중 중요한 부분에 대해 알아보는 것을 시도하는 어떤 특별한 휴먼서비스 프로그램에 사용할 수 있도록 고안된 클라이언트 사전-사후 측정 도구이다. 여기에서 클라이언트 기능은, 기능 그 자체 뿐 아니라 클라이언트 행동, 문제까지도 포함하는 넓은 개념이다. 어떤 LOF척도는 특별한 클라이언트 집단을 대상으로 설계되는 것에 반해, 또 다른 LOF척도는 클라이언트 가족까지도 포함하여 클라이언트에 대한 범위를 확장시킨다.

LOF척도는 몇 가지 공통의 특징이 있다. 일반적인 LOF척도는 클라이언트 기능 중 단 하나의 관점, 단 한가지 차원만을 고려한다. 예를 들어, 어떤 LOF척도가 비행청소년의 사회적응만을 다룬다면, 또 다른 LOF척도는 알코올 약물중독을 다루고, 또 다른 것은 학교출석에 관한 사항을 다루게 된다. 이러한 이유로, LOF척도는 일반적으로 여러 개의 척도를 복합적으로 사용하게 된다. 사회적응, 약물중독, 학교출석을 다루는 LOF척도들은 비행청소년의 복합적인 특성들을 알아내는 데 사용되어 왔다. LOF척도의 또 다른 예는 [표 9.1]에서 보여주듯이 노인을 위한 집단급식 프로그램에서도 활용된다.

LOF척도는 일반적으로 등급, 또는 그 등급이 의미하는 상태를 포함하는 척도점수를 갖는데, 이 척도점수는 매우 기능이 낮은 수준에서 매우 높은 수준까지를 나타낸다. [표 9.1]에서 보여주는 것과 같이 어떤 LOF척도에서는 최상, 최하 점수와 그 중간 점수를 사용하기도 한다.

대개 LOF척도는 클라이언트가 휴먼서비스 프로그램에 등록하는 시점과 개입종료 또는 완전하게 서비스를 받았다는 확인을 받는 그 순간에 다시 한 번 행하게 된다. 표준화된 척도와 마찬가지로, LOF척도는 대개 클라이언트가 휴먼서비스 프로그램에 등록한 시점에서 기준선을 만들기 위해, 그리고 프로그램을 마친 시점에서(중간결과 성과측정), 또는 그 이후 상태를 측정하기 위해(최종결과 성과측정) 사전-사후 검사를 실행한다.

2. LOF척도 설계 원리

좋은 측정 도구를 설계하기 위해 적용되는 일반적인 원리들은 마찬가지로 LOF 척도를 설계할 때에도 적용된다. 이러한 원리는 ① 개념틀 개발(developing a conceptual framework) ② 서술항목 개발(developing descriptors) ③ 응답자 고려(respondent considerations), 그리고 ④ LOF 척도 구성(construction LOF scales)에서 논의될 것이다.

개념틀 개발

잘 설계된 LOF 척도는 관련 이론과 지식, 조사연구, 그리고 휴먼서비스 프로그램 실천과 그 프로그램에서 대상으로 하고 있는 클라이언트 집단에 근거한다. LOF 척도를 설계할 때에는 언제든지 클라이언트를 관찰하고 평가하게 되는데, 이 때 중요한 것은 측정의 기초가 되는 '기능의 차원들'이며, 프로그램, 대상이 되는 클라이언트 집단, 그리고 사회문제를 이해하는 데 기초가 되는 척도 점수에 관한 '서술 항목들'이다. 예를 들어, 주간보호 프로그램에서 아동의 기능을 측정할 때, 분열되고 무의식적으로 행동으로 나타내는 것들에 대해서만 한정하여 무심하게 LOF 척도를 구성하기 쉽다. 그러나 아동의 행동을 안다는 것은, 거의 행동으로 표현하지 않는 위축되고 조용한 아동이 보다 심각한 문제를 안고 있을지도 모른다는 가능성을 잘 묘사하는 것이다.

LOF 척도를 만드는데 있어서 프로그램 실천가, 행정가, 그 외 프로그램의 관계자들(예를 들어 시민, 기부자, 옹호집단 등)이 함께 개입하는 것은 중요하다. 그러나 이러한 개입이 결코 확고한 이론에 기반한 지식, 조사연구, 그리고 실천에 관한 연구보고 등을 대용할 수는 없다. [표 9.2]는 성인 주간보호 프로그램에서 사용하는 세 가지의 LOF 척도로, 이는 이론과 연구의 통합에 기초하여 사회행동과 대인관계가 노년의 클라이언트에게 중요하

[표 9.2] 성인 주간보호 프로그램에서 상호작용 행동 측정에 사용된 LOF척도

가장 적절한 대답에 ○하시오.

1. 사회화   1   2   3   4   5

    level 1 : 퇴행 ; 혼자 지냄 ; 직원이나, 다른 클라이언트와 자발적으로 이야기하거나 상호작용하지 않음

    level 3 : 직원, 다른 클라이언트들과 상호작용하는 것에 대해 격려받아야 함 ; 대인관계에서 최소한의 흥미를 나타냄

    level 5 : 직원, 다른 클라이언트들과의 관계 만들기에 사교적이고 기술적

2. 참여   1   2   3   4   5

    level 1 : 클라이언트에게 제공된 활동에 참여하지 않음 ; 어떠한 상황에서도 참여하기를 거부

    level 3 : 격려하면 활동에 참여할 것임

    level 5 : 활동적으로 참여하고 다른 사람들을 격려함

3. 대화   1   2   3   4   5

    level 1 : 다른 클라이언트, 직원들과 대화를 전혀 시도하지도 대답하지도 않음

    level 3 : 다른 사람들에게 바램을 표현하나 제한된 상호작용에만 한함

    level 5 : 다른 클라이언트, 직원들과 높은 친교와 이야기하기를 즐김

다는 것을 보여주고 있다.

서술항목 개발

LOF척도에서 서술항목을 만드는 데에는 세 가지 점들을 고려해야 한다. 첫째, 서술항목은 클라이언트 기능의 차원을 관찰 가능하도록 기술되어야 한다. 둘째, 클라이언트 기능의 다른 수준들을 분별할 수 있어야 한다. 셋째, 이론적으로 클라이언트의 행동을 반영해야 한다(Labaw, 1980).

LOF척도에서 각각의 서술항목은 클라이언트 기능의 특별한 수준을 직접 관찰을 통해 결정할 수 있도록 기술한 것이다. 이는 간단명료하면서도 검증될 수 있도록 쓰여져야 한다.

[표 9.3] LOF척도의 구조에서 사용된 기술적인 언어의 예

	가장 적절한 대답에 ○하시오.				
1. 가정유지 기술들	1	2	3	4	5

level 1 : 쇼핑, 예산 세우기, 상차리기, 음식 만들기, 세탁하기, 청소 등과 같은 기본적인 가정유지 기능을 전혀 계획하거나 관리하지 않음―단지 그러한 일들에 직면하여 해야할 필요가 절실한 가족에 의해 처리될 수 있도록 항상 방치되어 있는 상태

level 3 : 몇몇 기본적인 가정유지 기능은 가족 구성원에게 할당되어 실행되었으나, 여전히 많은 부분은 그대로 남겨진 상태로 끝내지 않음. 독립적인 기능을 방해하는 혼란스러운 행동들이 남아 있음

level 5 : 가정의 기능이 계획, 관리되고 실행됨. 가정유지 기능을 다루는 능력이 가족의 강점이다

　

LOF 척도 응답자는 클라이언트 기능 수준에 대하여 근거없이 추측하듯이 작성해서는 안 된다. [표 9.3]은 간단 명료한 언어를 사용하고 있는 LOF 척도의 한 예이다.

LOF 척도를 고안하는데 또 다른 중요점은 정확성이다. 전형적으로 LOF 척도는 심각한 수준의 문제에서 높은 수준의 안정성과 강점에 이르기까지 광범위하고 다양한 범위에 걸쳐 클라이언트 기능을 점수화한다. 이러한 범위 내에서, LOF 척도 점수는 가능한 각각의 '개별적인' 클라이언트에 대해 정확하게 묘사할 수 있어야 한다. 동시에 비교적 비슷한 수준에 있는 클라이언트를 '집단화'할 수 있어야 한다. 예를 들어, 노인 클라이언트의 영양 상태를 묘사하고 있는 LOF 척도에서 1점이 열악한 영양상태를 반영한다면 (예를 들어, 클라이언트가 명백한 영양 결핍에서 오는 심각한 체중 결핍 그리고/또는 고통들을 경험하고 있음), 1점을 받은 모든 클라이언트는 같은 수준의 영양 결핍 상태에 있어야 한다. 따라서 LOF 척도에서 1점을 받은 클라이언트 중에서는 기본적으로 건강한 사람은 물론이거니와 균형적인 체

[표 9.4] LOF척도에서 분명하게 구별되도록 집단을 정의하고 있는 서술척도의 사용

가장 적절한 대답에 ○하시오.

1. 청소년 범죄자의 사회적응   1   2   3   4   5

    level 1 : 퇴행적이거나, 투쟁적이고 파괴적인 언어를 사용하는 청소년들. 행동과 사회기술은 학교나 직장, 심지어 최소임금을 받는 곳에서조차 성공을 방해하는 명확한 장애물로 나타남. 법적으로 일하기에 너무 어린 청소년의 경우, 현재의 행동과 사회기술은 장래의 고용 가능성을 명백하게 방해하고 있음

    level 3 : 최소한 수용 가능한 수준에서 대화할 수 있음. 대개는 짧게 또는 한 단어 수준에서 대답함. 다른 사람들과 대화를 시도하기도 하고 약간의 사회기술을 갖고 있음. 개선의 바람을 나타냄

    level 5 : 이야기하기 좋아하고 단정하며 좋은 사회기술 갖추고 있음. 또래들에게조차 인기가 좋으며, 사회적으로 유능하다고 인정받고 있음. 어른들이 그 나이의 또래보다 성숙하다고 인정함

중조절에 실패한 사람들조차 찾아볼 수 없어야 한다. [표 9.4]는 명백하게 세 부류의 집단으로 나누는 것과 같은 방법(level 1, level 3, level 5)으로, 청소년 초범자 중 사회적응 기능차원에 대한 척도의 서술항목을 나타내고 있다.

가능한 범위에서, LOF 서술항목들은 행동 지향적이어야 한다. 예를 들어, 가족의 조화/불화 정도에 대한 LOF 척도에서, 척도 설계자는 서술항목에서 '역기능적인'이라는 단어를 사용할 수도 있다. 그러나 실제적으로 그 척도를 작성하는 개인은 역기능적이라는 의미를 다르게 해석할 수도 있다. 따라서 이러한 경우 '역기능적'이라는 단어보다는, 하루 동안 얼마나 많은 논쟁과 의견 불일치가 있었는지, 또는 의견 불일치를 해결하는 방법 등과 같은 표현으로 서술항목을 작성하는 것이 더 좋다. 이렇게 묘사한 점수는 앞서 기술한 [표 9.1]의 서술항목을 참고할 수 있다. [표 9.1]에서 음식의 소비를 다루고 있는 LOF척도는 무게를 다루는 LOF 척도보다 더욱 정확

하다. 왜냐하면 전자는 행동 지향적인 지시에만 한정적으로 의존하고 있는 반면 후자는 나이와 키에 따른 체중을 아는 것이 요구되기 때문이다.

행동 지향적 서술항목은 평가적인 견해나 해석이 필요하며 이에 따라 신뢰정도는 증가한다. 일반적으로 서술항목에서 형용사를 보다 적게 사용할수록, 그리고 일관될수록, 그 항목들은 보다 유용할 것이다.

응답자 고려

잘 설계되어 있는 LOF 척도는 응답자를 염두에 두고 있다(Epstein & Tripodi, 1977). '응답자'라는 용어는 일반적으로 자기 자신에 대하여 정보를 제공하는 한 개인을 말한다. 그러나 LOF 척도에서의 '응답자'는 전형적으로 클라이언트를 직접 관찰하고 지식에 기초하여 척도를 완성하는 전문인들을 말한다.

클라이언트에 대해서 무언가 알기를 원하는 응답자는 다음과 같은 세 가지 방법을 사용할 수 있다. ① 직접 클라이언트 관찰하기 ② 클라이언트 자신에 대해 묻는 것 ③ 제 3자에게서 클라이언트에 관한 정보를 얻는 것(Nurius & Hudson, 1993).

LOF 척도 사용할 때 특별히 주의해야 할 점은 다음과 같다. 척도를 완성하기 이전에 응답자가 클라이언트를 알고 있는 기간, 응답자에게 유용한 클라이언트에 관한 정보의 유형과 원천, 그리고 응답자가 요구하는 정보의 양이다. 이에 따라 클라이언트를 정확하게 사정할 수 있게 된다. 응답자가 클라이언트와 그 가족간의 조화/불화의 수준을 사정하려고 한다면, 클라이언트에게 간략히 묻는 것만으로는 정확하게 사정하기 어렵다(특히 첫 번째 상담에서는 더욱 그럴 것이다). 만약 응답자가 클라이언트와 전문적 관계를 발전시키고, 만나고, 다른 가족구성원들과 친밀해지는데 시간이 주어진다면, 그 응답의 정확도는 틀림없이 증가하게 될 것이다.

LOF 척도 작성 지침에 따르면, 응답자는 가능한 클라이언트의 집이나 동네의 자연스러운 장소, 또는 관찰자의 사무실 등에서 공식적으로 관찰하는 것을 계획해야 한다고 장려한다. Epstein과 Tripodi(1977)는 관찰에 근거한 연구를 위해 지침을 제안하였다. 이는 클라이언트를 직접 관찰한 것에 기초하여 LOF 척도를 작성하는 데 유용할 것이다.

무엇을 관찰해야 하는가? : 응답자는 사용하고 있는 LOF 척도에 익숙해야 하며, 연구에서 포괄하고 있는 기능의 범위를 반영하고 있는 클라이언트 행동에 초점을 맞추도록 준비되어야 한다. 만약 상담을 통해 자료가 수집되었다면, 행동 지향적인 부분들이 클라이언트에 대해 질문이 의미하는 바를 보다 정확하게 나타나는 데 유용할 것이다.

관찰 현장 : LOF 척도가 작성되는 장에 따라 클라이언트는 다른 행동, 다른 응답을 나타낼 수 있다. 이러한 이유 때문에, 응답자는 관찰의 장을 선택하는 데 신뢰도가 있어야 한다. 동일한 클라이언트를 다양한 장에서 관찰했을 때, 클라이언트와 관련되기보다는 장과 관련하여 다른 결과를 낼 수 있다.

관찰 빈도 : 표준화와 신뢰도 관점에서 중요한 것은 응답자가 LOF 척도를 완성하는 데에 기초가 되는 일련의 관찰내용을 정하는 것이다. 주거치료센터에서는 일반적으로 매일 아동에 대해 여러 가지 것들을 관찰할 수 있다. 대조적으로 부부 결혼상담은 전형적으로 일주일에 1회, 한 시간 이루어진다. 신뢰도를 위해서 관찰의 유형과 관찰 내용은 응답자가 훈련하고 준비하

는 과정에서 특별하게 자세히 다루어야 할 것이다.

관찰 상황에 영향을 주는 요인들 피하기: 객관성은 LOF 척도를 완성하는 데에 매우 중요하다. 응답자는 관찰에 영향을 주지 않고, 중립적이도록 계속 노력해야 한다. 상담 중간에 조언을 하는 것은 클라이언트가 상담의 어려운 부분들을 풀어나갈 수 있도록 돕는다. 분노와 같은 감정을 느끼는 것은 정확하게 관찰하는 데 방해가 된다.

관찰의 신뢰도: 가능한 언제라도 LOF 척도를 완성하는 과정을 설정해야 한다. 과정을 정하는 목적은 LOF 척도를 시행하는 데에 있어서 응답자간의, 또 클라이언트간에 있을 수 있는 차이를 최소화하기 위함이다. 따라서 이 일련의 과정에는 LOF 척도에서 기초가 되는 예상 정보 유형과 수, 권고할 만한 관찰 장소, LOF 척도에서 언급할 수 있는 클라이언트에 관한 사항들, 응답자가 성취하기 바라는 것들에 관한 지침을 포함해야 한다. 응답자는 또한 지루하고 피곤하게 하는 요소에 대해서, 그리고 시간 경과에 따라 정보를 수집하기 위한 절차를 설정하는 경향에 대해서도 숙지해야 한다. 결과적으로 과정의 신뢰도와 수집된 자료의 정확성 모두에 대해 유의하고 주의를 기울일 수 있을 것이다.

LOF척도 구성

LOF 척도는 실제로 어떤 소집단에 의해 구성된다. 어떤 성과측정을 개발하는 데 있어서, LOF 척도를 구성하는 과정은 그 프로그램의 관계자들을 포함시켜야 한다. 단, 모든 성원은 그 휴먼서비스 프로그램, 대상이 되는 클라이언트 집단, 프로그램에서 명시하는 사회문제 등에 대해서 해박해야 한다. 보다 활발하게 LOF 척도를 개발하는 과정에서는 복합적인 예비 도안이 요구된다. 여기에는 피드백과 변화, 삭제와 수정, 첨가 등의 기회가 실려있다. 다음의 단계들은 훌륭하고 유용한 LOF 척도를 만드는데 전형적으로 사용되는 과정이다.

□ 1단계 : 등급화를 위한 기능 선택하기

이 단계는 매우 중요하다. 왜냐하면, 여기서 선택된 기능들이 결과적으로 휴먼서비스 프로그램의 결과 성과측정에 기초를 형성하기 때문이다. 확인된 모든 기능은 휴먼서비스 프로그램에 참여하고 있는 클라이언트의 결과로 변화될 수 있어야 한다.

이 단계에서 각각의 확인된 기능을 분류하고 확실하게 다른 기능들과 구별하는 것은 필수적이다. 각각의 기능들이 복합적인 차원에서 이루어지지는 않는다. 예를 들어, 대다수의 노인 집단급식 프로그램은 두 개의 주요 구성 요소를 갖는다. 하나는 영양상태이며 다른 하나는 사회화와 여가활용 정도이다. 이 두 개의 요소는 두 개의 각기 다른 구별된 차원에서 표현된다. 결과적으로 사회화와 여가활용 모두를 측정하는 LOF 척도를 개발하는 것은 적절하지 못하다. 보다 나은 접근방법은 최소한 각각의 기능을 다루는 분리된 LOF 척도를 만드는 것이다.

□ 2단계 : 척도의 점수 정하기

일반적으로 점수를 정할 때 홀수를 선택하는 것은 높은 점수와 낮은 점수, 그리고 중간 점수간의 구별을 확실하게 하기 위해서이다. LOF 척도의 중간점수는 클라이언트가 어느 한쪽을 선택할 수 있다는, 다소 불안정한 균

형을 나타낸다. 이 시점에서 적시에 적절하게 개입하는 것은 클라이언트를
향상시킨다. 반면, 방치하면 클라이언트는 악화될 수도 있다.

어떤 LOF 척도는 5점 척도로 구성되고, 어떤 것은 7점 척도, 간혹 12점
척도로 되기도 한다. 최소한 3점 척도로 되어 있어야 측정의 목적인 변화
정도를 충분히 보여줄 수 있다. 9점 척도의 LOF 척도는 보다 많은 변화정
도를 보여 주지만, 역으로 척도를 작성하는 응답자간의 신뢰도는 떨어질 수
있다.

□ 3단계 : 항목 서술하기

서술항목은 특징적이고, 관찰 가능하며, 입증될 수 있는 클라이언트 행동
에 기초해야 한다. 각 서술항목이 수천의, 아니 수만의 클라이언트 각자에
게 유용할 수 있으려면, 각각의 수준의 다양한 기능의 유형을 설명할 수 있
어야 한다. 예를 들어, 애정 표현 정도를 사정하는 청소년 주거치료센터에
서는 그 척도의 가장 낮은 점수인 1단계에 해당하는 다양한 다른 서술항목
들을 사용하고 있다.

a. 정기적으로 어떤 이가 건강하게 애정을 표현했을 때 그에 반응하지 않
   는다.
b. 때리기, 꼬집기, 찌르기 등 대체로 부정적이고 적대적인 몸짓에 한하여
   제한적으로 신체적인 상호작용만 한다.
c. 언제나 건강하지 못한 성적인 방식으로 애정을 표현한다.
d. 수용할 수 있는 그 연령에 적합한 방식으로 동성의 또래에게 애정을
   표현하지 못한다.
e. 정기적으로 야한 표현이나 수용할 수 없는 정도의 과도한 성적인 방식
   으로 이성에게 애정을 표현한다.

□ 4 단계 : 현장 검사

일단 휴먼서비스 프로그램에서 사용할 수 있는 좋은 LOF 척도의 도안이 완성되었으면, 실제 클라이언트를 대상으로 현장에서 시험해 보기 위해 이를 개발한 전문가들이 서로 돌아가며 사용해 보아야 한다. 현장 시험 이후에 이를 사용한 전문가들의 제안내용, 첨부사항, 삭제할 부분, 수정해할 내용들을 확인하고 덧붙인다. 그런 후 LOF 척도의 마지막 작업인 신뢰도 검사를 준비한다.

□ 5단계 : 신뢰도 검사

신뢰도 검사는 동일한 클라이언트를 대상으로 여러 차례 LOF 척도를 작성하는 것을 말한다. 여기서 사용되는 사례는 글로 쓰여진 것이나 비디오, 또는 역할극 등을 활용할 수 있다. 작성자간의 신뢰도는 간단하게 컴퓨터를 활용하여 백분율로 나타난다. 작성자간의 일치 정도가 70~80%로 나왔다면, 매우 높은 신뢰도를 나타내는 것이다(Epstein & Tripod, 1977).

3. 사례 : 아동 입소치료센터의 LOF척도

이 사례는 아동을 위한 실질적인 입소치료센터 프로그램(일종의 휴먼서비스 프로그램)에 관한 것으로, 본 프로그램에서는 공동생활, 교육, 심리사회적인 치료, 여가활동, 그리고 그 외 서비스들이 제공된다. 프로그램 진행자가 계속 관심을 갖는 것은 치료계획과 개입실천과의 신뢰도이다. 그러나 치료자를 비롯해서 아동을 지도하는 선생님이나, 입소센터에서 함께 생활하는 담당 직원들은 여전히 서로 다른 관점에서 일련의 아동 행동들을 관찰하고 치료하는 경향이 있다. 이같이 서로 다른 관점에서 관찰하고 치료하는 것은 아동들에게 일관되지 못한 환경을 제공하고, 보다 정확하게 언급하자면 아동들이 필요로 하는 것들에 서로 역행할 수도 있다.

이러한 상황을 개선하기 위해서 최고 관리자는 한 세트의 LOF 척도를 개발하고, 클라이언트의 결과 성과측정 뿐 아니라 사정과 치료의 신뢰도를 정립하기 위해 그 척도를 사용하는 계획에 착수해야 한다. 이러한 노력에 그 지역 대학의 사회복지학과 교수와 실습생들이 도움을 주었다. 첫 번째 단계로 문헌을 조사하여 청소년기에 나타날 수 있는 행동에 대해 확인하는 작업을 하였다. 그 결과 광범위한 행동 목록을 만들었고, 뒤이어 전문가와 프로그램 관계자들이 그 목록을 재검토하고 부가적으로 새로운 문헌들을 고찰하는 과정을 거쳐 최종 목록을 완성하였다. 최종적으로 열 가지 행동의 LOF 척도가 개발되었다.

1. 언어적인 상호작용의 질
2. 분노의 언어적인 표현
3. 분노의 신체적인 표현
4. 애정의 표현
5. 정서
6. 사회화 수준
7. 행위와 규칙에 대한 존중
8. 고유의 특성에 대한 치료
9. 개인적인 건강과 위생에 관한 주의
10. 약물의 사용/ 혹은 약물치료

척도의 점수는 1~9로 결정했다. 1점은 사회적으로 용인될 수 없는 행동을 표현하는 경우를 말한다. 9점은 그 나이에 적당한 이상적으로 알맞은 행동을 한 경우를 설명한다. 5점은 그 행동의 강도, 빈도, 시간, 장소 등에서 중간 정도의 행동을 나타내거나 또는 앞서 언급한 것들에 대해 사회적으로 수용될 수 있는 최소한의 수준을 말한다. 즉, 5점은 개입하는 것이 척도의 긍정적인 결과로 향하도록 행동을 변화시킬 수 있는지, 그리고 그 행동을 무시하는 것이 척도에서의 부정적인 결과를 향하도록 행동을 변화시키는지에 관해, 긍정적인 또는 부정적인 행동 사이의 불완전한 균형을 설명하는데 사용되었다.

이러한 과정을 거쳐 LOF 척도는 30일 동안 센터에서 생활하는 클라이언트 행동의 기본적인 윤곽을 개발하는 데 사용되었다. 각 아동의 관심에 따라 최소 두 개에서 최대 네 개까지 목표행동이 선택되었다. 이러한 방법으로 직원들은 관심을 두는 행동들에 대해, 그리고 서로 다른 행동을 치료하는 데 있어서 보다 신뢰도를 가질 수 있었다. LOF 척도는 치료를 마친 이후에, 그리고 치료 결과, 혹은 치료 후 결과를 사정하기 위해 서비스를 완전하게 마친 이후에 다시 한번 검토되었다. 전체적으로 LOF 척도에서 수집된 자료는 치료가 필요한 행동들을 명확히 하고, 또 각 아동들이 제공된 치료프로그램에 어떻게 반응하는지에 관한 결과 성과측정 자료를 제공함으로써, 프로그램을 계획하고 전달하는데 기여하였다.

4. LOF척도를 수량집계로 전환하기

성과측정은 분석의 단위로 프로그램을 활용하기 때문에, 또한 LOF 척도

[표 9.5] 결과 성과측정으로서 LOF척도의 사정

• 유용성	낮음 ~ 높음
• 타당성	중간 ~ 높음
• 신뢰도	중간 ~ 높음
• 정확성	중간
• 실행가능성	낮음
• 비용	높음
• 단위비용보고	낮음

는 종합분석의 단위인 프로그램으로 사용되기 때문에, LOF 척도 자료는 표준화된 척도에서 얻은 자료와 마찬가지로 보고를 목적으로 할 때 숫자로 전환되어야 한다. 표준화된 척도에서 사용되는 과정이 똑같이 LOF 척도에서 활용될 수 있다. 클라이언트는 두 개의 집단으로 구분될 수 있다. ① 개선이 입증된 집단과 ② 그렇지 않은 집단. 이러한 접근방법을 사용하면서, 다음과 같은 기준에 따라 수량집계 자료를 수집하고 합산하고 보고할 수 있다. ① 개선이 증명된 클라이언트의 수 ② 치료를 끝마쳤거나 서비스를 완전하게 받은 클라이언트 총 수 대비 개선이 증명된 클라이언트의 비율.

LOF 척도를 수량집계로 전환하는 것은 표준화된 척도보다 선택의 여지가 없다. 일반적으로 LOF 척도가 임상적인 기준 점수나 개선의 목표 수준을 갖지 않기 때문이다.

5. LOF척도에 대한 사정

[표 9.5]는 LOF 척도에 대한 사정내용이다. 유용성, 타당성, 신뢰도, 정

확성, 실행가능성, 비용 그리고 단위비용보고 등 일곱 가지 기준이 사용되었다.

성과측정으로서 LOF 척도의 유용성은 낮은 정도에서부터 높은 정도까지 평가된다. 표준화된 척도와 같은 LOF 척도는 프로그램 진행자나 어떤 프로그램 관계자들에게 유용성이 높다. 그러나 반면 그것을 사용하고 기록하고, 설명에 친근하지 않은 다른 관계자들(예를 들어 시민, 선출 공무원, 후원기부자)에게는 유용성이 낮다.

LOF 척도의 타당성은 중간에서 높은 정도로 나타난다. LOF 척도를 잘 설계하려면, 그 척도가 무엇을 측정하려고 하는지 또한 측정해야 할 것이다. 결론적으로 외견상의 타당성은 높다고 할 수 있다. 타당성은 LOF 척도의 각 항목들이 무엇을 측정하고자 하는지 체계적으로 확인함으로써 시간이 경과하면서 강화될 수 있다.

LOF 척도의 신뢰도는 중간에서 높은 정도로 나타났다. LOF 척도가 측정자와 측정자 간의 신뢰도를 높이려면 끊임없이 시험, 수정되어야 한다. 척도를 사용하면 할수록 시간이 지남에 따라, 그리고 그것을 사용하는 실행자가 클라이언트의 기능 수준에 대해 판단하는 경험이 쌓일수록, 신뢰도는 확실히 증가한다(Epstein & Tripodi, 1977; Kuechler et al., 1988).

LOF 척도의 정확성은 중간정도로 평가된다. 비록 LOF 척도가 수량집계보다 정확하더라도, 표준화된 척도보다는 정확도가 낮다. 만약 정확성을 가장 중요시해야 한다면, 기존의 LOF 척도에 점수나 항목을 부가할 수 있다. 그러나 이 때 부과되는 점수나 항목들이 LOF 척도의 정확성에 거의 기여하지 않는다면, 유용성은 감소하게 될 것이다.

LOF 척도의 실행가능성은 낮은 것으로 보인다. 표준화된 척도와 같이 LOF를 사용하는 것은 상당정도의 직원의 참여와 시간, 재정이 요구된다.

프로그램 진행자는 LOF 척도의 유용성을 저해할 수 있는 문제, 즉 LOF 척
도의 복합성을 발견할 수 있어야 한다.

　LOF 척도에서 비용은 높은 것으로 나타났다. 여기에서 비용은, LOF 척
도를 개발하는 데 참여하는 직원들과 이에 대해 자문하는 시간, 그리고
LOF 척도를 사용하여 클라이언트를 사정하는 데 들어가는 비용과 부가적
으로 할애되는 직원의 시간들을 포함할 수 있다. 이 외에도 고려해 볼만한
결과자료들을 모으고, 합산하고, 보고하는 데 지도감독, 관리, 행정 비용 등
이 소비된다.

　마지막으로 LOF 척도의 단위비용보고는 낮은 것으로 평가되었다. 단위
비용을 보고하는 데 있어서 LOF 척도는 표준화된 척도와 마찬가지로 이를
해석하는 데에 어려움이 있다. 다음과 같은 단위비용보고를 어떻게 해석할
것인가? '어떤 LOF 척도에서 한 명의 클라이언트가 1점 향상되는데
$1,200가 소비된다.'

제 **10** 장

클라이언트 만족도

결과 성과측정의 네 가지 주요 형태 가운데 가장 마지막으로 논의할 것은 클라이언트 만족도이다. 클라이언트 만족도에 대한 기본적인 설명은 품질 성과측정을 다룬 5장에서 이미 다루었기 때문에, 본 장에서는 상당히 간략하게 논의할 것이다. 그러나 이렇게 짧게 논의한다고 해서 클라이언트 만족도가 다른 세 개의 결과 성과측정과 비교하여 상대적으로 중요하지 않다고 여겨서는 안될 것이다.

1. 결과 성과측정으로서 클라이언트 만족도의 사용

클라이언트 만족도는 제5장에 제시한 바와 같이 품질 성과측정에 활용될 수 있을 뿐 아니라, 결과 성과측정으로도 활용될 수 있다. 클라이언트 자기 보고에서, 클라이언트가 휴먼서비스 프로그램에 참여함으로써 경험한 삶의 질의 변화에 대해 질문 받을 때 클라이언트 만족도가 바로 결과 성과측

[표 10.1] 결과 성과측정 자료를 산출하기 위한 클라이언트 만족도 조사

• 정보제공과 의뢰				
질문: 정보 제공과 의뢰 프로그램이 필요한 서비스에 접근하는 데에 도움이 되었습니까?	전혀 도움이 안됨			매우 도움이 됨
	1　　　2　　　3　　　4　　　5			

• 가정배달 식사				
질문: 가정배달 식사 프로그램이 건강과 영양을 유지하는 데에 도움이 되었습니까?	전혀 도움이 안됨			매우 도움이 됨
	1　　　2　　　3　　　4　　　5			

• 상담				
질문: 상담 프로그램이 생활 중 스트레스에 대처하는 데에 도움이 되었습니까?	전혀 도움이 안됨			매우 도움이 됨
	1　　　2　　　3　　　4　　　5			

정이다.

　결과 성과측정으로서 클라이언트 만족도를 활용하는 실제적인 과정은 상당히 간단하다. 제공된 휴먼서비스 프로그램은 이미 클라이언트 만족도에 대한 조사에 근거한 품질 차원의 성과 자료를 수집하고 보고하고 있다. 예를 들면, [표 5.5]에 제시된 클라이언트 만족도에 대한 설문은 단순히 질문을 하나 추가함으로써 결과 성과에 대한 측정자료를 산출하는 데에 활용될 수 있다.

　위의 예시들(정보제공과 의뢰, 가정배달 식사, 상담)에 대해 계속 논의해 보면, [표 10.1]은 한 조사에서 한 가지 추가적인 클라이언트 만족도에 대한 질문이 이러한 세 가지 휴먼서비스 프로그램 각각에 대해 어떻게 결과 성과측정 자료로 산출될 수 있는지를 보여준다. 이러한 세 개의 질문이 삶의 질 변화에 대한 클라이언트 자기 보고에서 다루어지기 때문에, 이 질문들이 바로 결과 성과측정의 내용이 되고, 클라이언트의 응답 결과는 결과 성과측정 자료가 되는 것이다.

2. 클라이언트 만족도를 수량집계로 전환하기

　정부가 모든 수준에서 결과 성과측정으로서 수량집계를 선호하기 때문에, 몇몇 사람들은 클라이언트 만족도에 대한 성과자료를 수량집계로 변형하는 방법이 필요하다고 여긴다. 다행스럽게도 이 과정은 어렵지 않다. 한 가지 접근방법은 ([표 10.1] 참조) 각 질문에서 매우 도움이 되었다고 응답한 클라이언트의 실제 수나 백분율을 단순히 측정하는 것이다. 수량집계의 결과는 다음과 같다.

- 클라이언트 중 78%의 응답자가 정보제공과 의뢰 프로그램이 필요한 서비스에 접근하는 데에 매우 도움이 되었다고 평가하였다.
- 클라이언트 중 82%의 응답자가 가정배달 식사 프로그램이 그들의 건강과 영양을 유지하는 데에 매우 도움이 되었다고 평가하였다.
- 클라이언트 중 55%의 응답자가 상담 프로그램이 생활 중의 스트레스를 대처하는 데에 매우 도움이 되었다고 보고하였다.

3. 클라이언트 만족도에 대한 사정

　[표 10.2]는 결과 성과측정으로 활용되는 클라이언트 만족도에 대한 사정 내용이다. 유용성, 타당성, 신뢰도, 정확성, 실행가능성, 비용과 단위비용 보고의 측정 기준은 다음과 같다.

　결과 성과측정으로 클라이언트 만족도를 활용하는 유용성은 중간으로 평

[표 10.2] 결과 성과측정으로 클라이언트 만족도 사정

• 유용성	중간
• 타당성	중간 ~ 낮음
• 신뢰도	중간
• 정확성	낮음
• 실행가능성	중간
• 비용	초기 비용 때문에 높음 ~ 낮음
• 단위비용보고	높음

가되었다. 클라이언트 만족도는 다양한 프로그램 관계자에게 관심의 대상이다. 선출 공무원, 자금 기관(정부와 재단), 프로그램 행정가와 기관 행정가들 모두 일반적으로 휴먼서비스 프로그램의 효과성에 대한 클라이언트의 인식에 대해 관심을 가지고 있다. 동시에 대부분 관계자는 클라이언트 만족도 자료가 갖고 있는 고유의 한계점을 인식하고 있다.

결과 성과측정으로 클라이언트 만족도를 활용할 때 타당성은 중간 정도에서부터 낮은 정도로 평가된다. 특성상 클라이언트 만족도는 주관적이고, 클라이언트는 '비자발적'이다. 누구도 삶의 질 변화에 대한 클라이언트의 사정 내용이 정확하다고 확신할 수 없다. 그럼에도 불구하고 클라이언트는 다른 세 가지 형태의 결과 성과측정에서 획득할 수 없는 휴먼서비스 프로그램의 효과성에 대한 중요한 측면을 제공한다.

클라이언트 만족도의 신뢰도는 중간정도로 평가된다. 성과측정으로 클라이언트 만족도의 활용에 신뢰도가 포함되므로, 신뢰도는 자료를 산출하기 위해 활용되는 조사의 질문내용의 타당성 정도와 밀접한 관계가 있다. 신뢰도는 클라이언트에 따라, 혹은 조사할 때마다 신뢰도를 유지하는 표준화된

[표 10.3] 네 가지 형태의 결과 성과측정의 사정

	수량집계	표준화된 척도	LOF척도	클라이언트 만족도
유용성	높음	높음~낮음	높음~낮음	중간
타당성	중간~낮음	높음	높음~중간	중간~낮음
신뢰도	높음	높음	높음~중간	중간
정확성	낮음	높음~중간	중간	낮음
실행가능성	높음	낮음	낮음	중간
비용	중간~낮음	높음	높음	높음~낮음
단위비용보고	높음	낮음	낮음	높음

조사 질문을 사용함으로써 강화될 수 있다.

결과 성과측정으로 클라이언트 만족도의 정확성은 낮게 평가된다. 특성상 클라이언트의 자기보고는 정밀하지 않다. 클라이언트에게 휴먼서비스 프로그램에 참여한 결과로 초래된 삶의 질 변화에 대해 자기보고 형식의 질문은 아마도 그다지 정밀하지 않을 것이다.

결과 성과측정으로 클라이언트 만족도의 실행가능성은 중간정도로 평가된다. 실제로 자료를 수집하는 과정 자체가 성가신 작업이라 할지라도, 다른 형태의 결과 성과측정에서 요구하는 것보다는 아마도 훨씬 더 적은 노력이 요구될 것이다. 여기에서 주의할 점은 여기에서 시간을 고려하지 않았다는 점이다. 클라이언트가 치료를 완전히 끝낸 후 또는 서비스를 완료한 이후 여러 달 후에 클라이언트를 다시 방문하여 조사한다는 것은 문제가 있다.

클라이언트 만족도의 비용은 낮은 정도에서부터 높은 정도로 나타난다. 만약 휴먼서비스 프로그램이 품질 성과측정처럼 도움이 되는 클라이언트의 만족도 자료를 이미 수집해 놓은 상태라면, 단지 한 개의 추가 질문—혹은

몇 가지 추가 질문이더라도—만을 분석하고 보고하면 된다. 이러한 경우 자료의 실행 비용은 적게 소비된다. 그러나 만약 클라이언트 만족도 자료가 현재 수집되어 있지 않다면, 새로운 조사내용을 개발해야 하고, 클라이언트에게 다시 조사를 실시해야 하고, 새로운 자료들을 분석하고 보고해야 한다. 이 때 초기 비용은 아마도 많이 들것이다.

결과 성과측정으로 클라이언트 만족도의 단위비용보고 능력은 높게 평가된다. 클라이언트 만족도에 기반한 결과 성과측정 자료는 수량집계와 상당히 유사하다(예를 들어, 삶의 질 변화를 달성한 클라이언트의 수와 퍼센트).

4. 네 가지 유형의 결과 성과측정에 대한 사정

네 가지 형태의 결과 성과측정을 소개하고 논의한 상태에서 유용성, 타당성, 신뢰도, 정확성, 실행가능성, 비용과 단위비용보고 능력에 대해 네 개의 형태를 비교하고 대조하는 것은 유용할 것이다. [표 10.3]에 나타나 있는 것처럼, 결과 성과측정의 네 가지 유형은 각각 강점(유리한 점)과 약점(불리한 점)을 가지고 있다.

예를 들면, 표준화된 척도와 LOF 척도는 더 정밀하고, 타당하고, 신뢰도가 높게 사정되지만, 많은 비용이 드는 것으로 평가된다. 수량집계는 더 유용하고 비용이 적게 드는 것으로 간주되지만, 반대로 타당성이 낮고, 신뢰도와 정확성 측면에서도 낮게 평가되고 있다. 비교했을 때, 클라이언트 만족도는 다른 세 가지 형태에 비해 다양한 기준에서 중간정도로 평가된다.

아마도 최종적으로는 휴먼서비스 프로그램 자체의 특성과, 그리고 결과 성과측정을 결정하는 프로그램 관계자들의 선호도가 작용할 것이다. 많은 휴먼서비스 프로그램은 최소한 두 가지 형태—수량집계와 다른 세 개 형태 중의 한 가지—를 복합적으로 활용할 수 있다.

제 **11** 장

자료의 선택, 수집, 보고 그리고 성과측정 활용에서의 쟁점

마지막으로 휴먼서비스 프로그램의 효율성과 품질, 효과성을 측정하고 개선하기 위해 성과측정 자료를 선택, 수집, 보고하고 활용하는 것에 관련된 중요한 쟁점과 도전에 대해 논의할 것이다.

1. 성과측정 선택에서의 쟁점들

연방정부가 정부 집행 및 성과에 관한 법률(1993)을 시행했을 때, 프로그램 행정가들—휴먼서비스와 그 외 서비스 모두—은 성과측정을 선택하는 과정에서 몇 가지 되풀이되는 문제들을 확인할 수 있었다(Hatry & Wholey, 1994). 이들 문제가 함축하고 있는 바는 정부 집행 및 성과에 관한 법률에서 뿐만 아니라 일반적인 성과측정에서도 중요한 의미를 갖는다. 따라서 이 문제에 직면함으로써, 이후 휴먼서비스 프로그램을 계획하고 실행할 때 같은 문제로 어려움을 겪는 것을 피하고 더 좋은 성과측정을 선택할 수 있게 될 것이다. 성과측정 선택에 있어서 정부프로그램에서 경험한 네 개의 중요한 재발문제는 다음과 같다.

1. 프로그램 사명과 관련하여 성과측정을 시작하는 것
2. 기존 자료에 너무 지나치게 의존하는 것
3. 과정에서 프로그램 관계자들을 제외하는 것
4. 너무 품질 낮은 성과측정을 선택하는 것

프로그램 사명과 관련하여 성과측정을 시작하는 것

대부분의 성과측정은 프로그램의 사명, 목표, 그리고 목적과는 거의 관계가 없다. 성과측정은 항상 직접적으로 프로그램이 드러내 보이는 사회문제와 연관되어야만 한다. 프로그램에서 다루는 사회문제와 그 사회문제에 대한 가정에 주목할 때에만, 휴먼서비스 프로그램과 그 프로그램에서 지향하는 사명, 목적, 목표들을 잘 결합할 수 있게 된다.

기존 자료에 지나치게 의존하는 것

성과측정에서 기존 자료에 기초하는 것이 반드시 문제는 아니다. 문제는 기존의 자료를 사용하는 데 있어서 실행 가능성과 비용에서 얻는 이득으로 다른 고려점들, 즉 ① 유용성 ② 타당성 ③ 신뢰도 ④ 단위비용보고 등을 배척할 때 나타날 수 있다. 너무 심하게 기존 자료에 의존하는 문제는, 이미 제6장에서 확인한 바 있는 측정 기준들을 엄격하게 적용함으로써 피할 수 있을 것이다.

과정에서 프로그램 관계자들을 제외하는 것

시간적인 면에서 휴먼서비스 프로그램의 성과측정을 선택하는 데 있어서 다양한 영역에 있는 관계자들을 관여시키는 것에는 어려움이 있다. 더욱이 매일 매일의 행정적인 부담 때문에 시간적인 면에서 관계자들을 참여시키는 것을 희생하는 경향이 있게 된다. 그 결과 관계자들이 유용하지 않다고 여기는 성과측정을 선택하는 문제가 발생된다. 이러한 문제를 피하는 해결책은 선택과정에 관계자들을 포함시키는 것이다. 그러나 관계자들을 성과측정 선택과정에 개입시키는 데 있어서, 그들이 의견을 가능한 신속하게 제시할 것을 요구하는 것 자체는 전혀 잘못된 것이 아니라는 사실을 기억해야 한다.

너무 질 낮은 성과측정을 선택하는 것

이러한 문제는 성과측정을 선택하는 과정에서 관계자 중 특히 클라이언트를 개입시키지 않는 것과 관련되어 발생한다. 선택과정 중 클라이언트를 배제시키는 것은 바로 클라이언트의 관점—결과적으로 품질 관점—을 배제하는 것과 같다. 이 문제를 해결하는 방법은 명확하다. 바로 클라이언트를 참여시키는 것이다.

2. 성과측정 자료를 보고할 때의 쟁점

성과측정 자료 보고를 논의할 때 다음의 세 가지 질문을 하게 된다.

1. 얼마나 자주 성과측정 자료를 보고해야 하는가?
2. 성과측정 자료를 수집하고 합산하는 데 얼마나 많은 시간이 걸리는가?

3. 어떻게 성과측정 자료를 작성하는가?

성과측정 보고의 빈도

성과측정을 보고하는 빈도는 결국 어떻게 자료를 사용할 것인가와 관련이 있다. 만약 얻어진 성과측정 자료를 우선적으로 프로그램의 효과성, 품질, 효율성을 사정하는 데에, 그리고 보고의 요구를 만족시키는데 사용한다면, 1년에 1회 보고하는 것만으로도 충분하다. 이런 경우, SEA 보고나 1993년에 통과된 정부 집행 및 성과에 관한 법률과 같이 대부분 보고할 것을 요구하는 규정들을 만족시켜야 한다. 동시에 매년 예산에 관한 보고도 함께 이루어져야 할 것이다.

그러나 결과적으로 프로그램을 발전시키기 위해서는 일반적으로 매년 보고하는 것보다는 더 자주 성과측정 자료를 보고할 것을 권한다(Hatry & Wholey, 1994). 자주 보고하는 것은 프로그램 행정가와 관계자로 하여금 휴먼서비스 프로그램에서의 효과성, 품질, 효율성 문제를 보다 잘 지적할 수 있도록 한다. 또한 매년 보고하는 것 보다 신속하게 잘못된 부분을 수정할 수 있게 한다. 안정적인 프로그램이라고 할 때 1년에 2회 정도 보고하는 것이 적당할 것이다. 그리고 만약 클라이언트 만족도에 기초한 성과측정을 제외한다면, 1년에 4회 보고하는 것도 생각해 볼 수 있다.

성과측정 자료 수집의 비용

비용은 확실히 얼마나 자주 성과측정 자료를 보고할지 결정하는데 중요한 고려 사항 중 하나이다. 비용 결정에서 중요한 요소는 이를 실행하는 직원들이 성과측정 자료를 수집하고 총계를 내는데 할애해야 하는 총 시간과 자료를 수집하는 빈도이다(예를 들어 1년에 4회, 1년에 2회, 매년 1회 등).

오레곤과 포틀랜드시에서는 1991년 이후 성과측정 자료를 수집하는 데에 SEA 보고의 범주를 실험적으로 사용해 왔다. 포틀랜드는 또한 성과측정 자료를 얻는데 직원들이 소모하는 시간의 총량을 계속 기록해 왔다. 그 결과 휴먼서비스 프로그램과 그 이외의 프로그램 모두에서 매년 1회, 12개월간의 성과측정 자료를 수집하여 합산하고 보고하는데 대략 5시간에서 20시간까지 평균 약 10시간 정도가 소요되었음을 알 수 있었다. 또한 성과측정 자료를 수집하는 데 요구되는 시간은 시간이 경과함에 따라 감소한다는 것도 발견할 수 있었다. 이러한 경험에서 배울 수 있는 한 가지 방법은, 성과측정 자료를 수집하는 것이 초기에는 집중해서 무리하게 시작되지만 시간이 지남에 따라 그 정도가 완만해지고 결국에는 무리 없이 실행할 수 있다는 것이다. 포틀랜드의 경험이 일반적이라고 할 때, 대부분의 휴먼서비스 프로그램은 매년 4회 정도 보고하는 데 지출되는 시간과 비용을 감당할 수 있을 것이다.

성과측정 자료의 작성

성과측정 자료를 결과물로 작성하는 데에 특별히 정해진 형식이 있는 것은 아니다. 그러나 SEA 보고의 GASB의 요구를 충족해야 한다면, 반드시 투입, 산출, 품질, 결과 성과측정, 비용 효율성, 비용효과 비율을 포함하는, 이미 결정된 어떤 자료유형을 보고해야 할 것이다. [표 11.1]은 이미 앞장에서 논의했던 성과측정 유형과 SEA 보고에서 요구하는 자료유형을 포괄하는 보고형태에 관한 것이다. 이러한 측면에서 [표 11.1]은 휴먼서비스 프

	휴먼서비스프로그램		
	1999	2000	2001
1. 투입			
a. 재원(달러 $)			
b. 인적 자원(상근직원 : FTE)	___	___	___
2. 산출			
a. 중간산출(서비스 단위 – 시간, 물질, 상황)	___	___	___
b. 최종산출(서비스 완료)	___	___	___
3. 품질			
a. 클라이언트 만족도('만족하다' 또는 '매우 만족하다'에 대한 백분율)	___	___	___
b. 품질 범주의 산출 (품질 만족도를 충족하는 산출의 수 또는 백분율)	___	___	___
4. 결과			
a. 중간결과 : 수량집계 (명백한 질적인 삶의 변화를 성취한 클라이언트의 수 또는 백분율)	___	___	___
b. 최종결과 : 수량집계 (명백한 질적인 삶의 변화를 성취한 클라이언트의 수 또는 백분율)	___	___	___
5. 비용 효율성 비율			
a. 중간산출당 비용	___	___	___
b. 상근직원(FTE)당 중간산출	___	___	___
c. 최종산출당 비용	___	___	___
d. 상근직원(FTE)당 최종산출	___	___	___
6. 비용 효과성 비율			
a. 중간결과당 비용	___	___	___
b. 상근직원(FTE)당 중간결과	___	___	___
c. 최종결과당 비용	___	___	___
d. 상근직원(FTE)당 최종결과	___	___	___

로그램 성과측정 자료를 보고하는 하나의 모델이 될 수 있다. [표 11.2]는

제2장에서 다루었던 가족상담기관의 예에서 얻은 자료를 사용하여 보고 형태를 완성하고 있음을 보여준다. [표 11.1]과 [표 11.2] 모두 복합적인 시기의 자료를 나타낸다. 이러한 실천은 표준인 것처럼 보인다. 이는 어떤 경향을 설명하고 기간 사이의 차이를 비교할 수 있도록 설계되었다.

대부분의 휴먼서비스 프로그램에서 개발한 초기의 성과측정 보고들은 아마도 [표 11.1]과 [표 11.2]에서 묘사하는 모델과 다른 형태를 띠고 있는 듯 하다. 성과측정 보고는 두 표에서 보여주는 정보 중 일부분을 보고함으로써 시작될 것이고, 시간이 지남에 따라 더욱 이 모델과 유사해질 것이다. 휴먼서비스 프로그램의 초기 성과측정 보고가 이러한 과정을 거칠 것이라는 실제적인 한 예가 바로 [표 11.3]이다.

[표 11.3]은 포에닉스 인적자원국(Phoenix Human Resources Department)에서 실행했던 직업훈련 프로그램의 초기 성과측정 보고에서 얻은 자료들이다(City of Phoenix). 한 가지 추측할 수 있는 것은, 어떤 성과측정 자료들은 제시되어 있지만 또 다른 자료들은 소멸된다는 것이다. 서비스 최종과 중간결과에서 수량집계 자료가 제시되었지만(서비스 단위 당), 중간 산출과 최종 결과는 소멸되었다. 보고서는 클라이언트의 만족도 차원을 포함시킴으로써 품질 성과측정의 중요성을 인식하고 있다. 그러나 유감스럽게도 보고서에서 쟁점이 되는 것은, 언뜻 보기에는 어떠한 자료도 유용하지 않다는 것이다. 보고서는 또한 직업훈련 프로그램에 들어간 총 비용과 프로그램을 운영하는 전일제에 상응하는 직원의 수를 포함한다.

산출 뿐만 아니라 투입(재정적인 자원)에 대한 자료, 그리고 결과가 제시되었기 때문에, 보고서는 비용 효율과 비용 효과성 비율을 포함하지 않고 보고하였다. 그러나 우리는 여기에 비율을 계산하여 제시하였다([표 11.3]의 5, 6).

[표 11.2] 가족상담프로그램에 대한 성과측정 보고서

	가족상담 프로그램		
	1999	2000	2001
1. 투입			
a. 재원(천, 단위)	$750	$800	$850
b. 인적 자원 (상근직원：FTE)	22	24	26
2. 산출			
a. 중간산출 (상담서비스 시간)	27,500	30,000	32,000
b. 최종산출 (서비스 완료)	225	250	275
3. 품질			
a. 클라이언트 만족도('만족하다' 또는 '매우 만족하다'에 대한 백분율)	85	87	88
4. 결과			
a. 중간결과 (아동학대를 의뢰하지 않은 클라이언트의 수)	112	125	150
5. 비용 효율성 비율			
a. 산출당 비용	$27.27	$26.66	$26.56
b. 상근직원(FTE)당 산출	1,250	1,250	1,231
6. 비용 효과성 비율			
a. 결과 당 비용	$6,696	$6,400	$5,666
b. 상근직원 (FTE)당 결과	5.1	5.2	5.8

3. 성과측정 자료의 활용에서의 쟁점

성과측정 자료의 사용이 실제적으로 휴먼서비스 프로그램의 효율성, 품질, 효과성을 개선할 수 있다는 것은 다음의 두 부분에서 매우 잘 입증된다. ① 직접 프로그램 전달의 개선, ② 계약 프로그램 전달의 개선에서 이다. 따라서 다음은 이에 관해 논의할 것이다.

[표 11.3] 휴먼서비스 프로그램에 대한 최초의 성과측정 보고서

	직업훈련 프로그램		
	FY89	FY90	FY91
1. 투입			
a. 재원(천 단위)	$8,257	$7,689	$7,033
b. 인적 자원 (상근직원 : FTE)	33.50	33.25	33.92
2. 산출			
a. 서비스 완료	4,388	3,783	3,124
3. 품질			
a. 클라이언트 만족도	N/A	N/A	N/A
4. 결과			
a. 직업배치의 수	902	820	452
5. 비용 효율성 비율			
a. 산출당 비용	$1,882	$2,033	$2,251
b. 상근직원 (FTE) 당 산출	131	114	92
6. 비용 효과성 비율			
a. 결과 당 비용	$9,154	$9,377	$15,559
b. 상근직원 (FTE)당 결과	27	24.7	13.3

출　　처 : Adapted from City of Phoneix, Arizona (1992).
유의 사항 : 원래의 보고서에서는 비율을 포함하지 않았다.

직접 전달의 개선

성과측정 자료가 휴먼서비스 프로그램을 직접 전달하는 것을 개선하는데 사용될 수 있는가? 이에 대한 대답은 시간을 통해 성과측정 자료를 분석함으로써, 또한 다른 지역과 다른 프로그램과 함께 비교해 봄으로써 가능할 것이다. 현대 경영의 특수용어로 이러한 활동을 종종 벤치마킹이라고 한다 (Martin, 1993; Spendolini, 1992).

[표 11.3]은 어떻게 성과측정 자료의 분석이 프로그램 개선에 사용될 수 있

는지에 관한 것이다. [표 11.3]을 분석하는 데에 여러 가지 질문을 할 수 있다.

① 3년 동안 서비스 완료가 29%로 떨어졌다. 왜 그런가? 이 감소는 단
  순히 재원의 감소와 관련되어 있나, 아니면 그 외 다른 요소가 영향
  을 미쳤나?
② 왜 클라이언트 만족도에 관해서는 처리되지 않았는가? 이러한 상황을
  개선하기 위해 무엇을 했는가?
③ 왜 3년 동안 일자리가 50%(결과 성과측정으로서 수량집계)로 감소되
  었는가? 프로그램을 마친 클라이언트는(서비스 완료) 29%만이 감소
  했다. 직업훈련 프로그램이 존재하지 않는가? 경제가 단지 나빠졌는가?
  또는 일하는 장소에서 아직 발견되지 않은 다른 요소가 존재하는가?
④ 왜 비용 효과성 비율은 '계속 상승세'인가? 1989년 재정상으로는 비
  용당 성과(하나의 일자리)는 $9,154였다. 1991년에는 그 비용이
  $15,559로 70%가 증가되었다.

위의 질문에 대답하는 것 뿐 아니라, [표 11.3]에 나타난 성과측정 자료
에서 볼 수 있는 다른 것들까지도 프로그램 행정가가 몇 개월이 아닌 단지
몇 주만 할애하면 충분히 답할 수 있는 사항이다.

만약 직업훈련 프로그램이 복합적인 하부요소로 구성되었다면, 즉 각각
의 직업훈련 요소와 그 기본적인 기술훈련 요소들로 구성되었다면, [표
11.3]의 성과측정 자료는 이 두 가지 요소로 분리하여 합산하지 않고 각각
을 분석해야 한다. 이러한 과정은 다양한 직업훈련 유형의 효율성, 품질, 효
과성과 연관된 유용한 통찰력을 제공한다. 같은 맥락에서 만약 직업훈련 프
로그램이 복합적인 지역적 위치를 갖고 있다면, 성과측정 자료는 각 지역을

합산하지 않고, 각 지역마다 분석할 수 있다. 하부요소 또는 지역간의 차이가 발견될 때, 더 나은 성과를 갖는 하부요소 또는 지역의 측정 자료는 왜 그것들이 더 우세한지 파악하는데 좋은 연구자료가 될 것이다. 이러한 연구에서 얻은 결과는 다른 하부요소 또는 영역에 교훈이 될 것이다.

계약 전달의 개선

오늘날 대부분 정부의 휴먼서비스 프로그램은 서비스 계약의 구매를 거쳐서, 부분적으로 또는 전체적으로 움직인다(Kettner & Martin, 1994). 계약으로 실행되는 휴먼서비스 프로그램은 ① 계약자가 성과측정 자료를 수집하고 보고하기를 요구하고, ② 성과 계약을 채택함으로서 효율성과 품질, 효과성을 개선해 나갈 수 있게 된다.

휴먼서비스 프로그램을 직접 전달하는 데에 사용된 산출, 품질, 그리고 결과 성과측정은 서비스 계약을 구매하는 데에도 동일하게 활용된다. 계약자는 성과측정 자료를 수집하고 보고하도록 요구받는다. 이 때 계약 기관은 계약자의 효과성, 품질, 그리고 효율성에 관한 자료를 비교, 대조하는데 사용할 수 있다. 성과가 좋을수록 계약 관계는 더욱 공고해 질 것이다. 대조적으로 성과가 좋지 못하면 관계는 약화되거나, 심지어는 계약관계가 종결될 수도 있다.

일단 계약자가 성과측정 자료를 수집하고 보고했다면 성과 계약은 이루어질 수 있을 것이다. 성과계약은 서비스계약의 구매로 정의될 수 있고, 그것은 최소한 성과측정의 성과에 대한 계약자들의 배상금 부분과 연결된다(Kettner & Martin, 1993). 휴먼서비스 프로그램에서 주요한 계약 접근 방법을 비용 상환(cost reimbursement)이라고 한다(Kettner & Martin,

[표 11.4] 성과측정과 성과 계약

---

1. 산출 성과측정
   서비스 단위 당 $__________ (시간, 상황, 물질)
   최종산출 당 $_________ (서비스 완료)

2. 품질 성과측정
   계획한 클라이언트 만족도 수준(약 90%)을 성취하기 위한 $______
   품질 범주의 산출 당 $__________

3. 결과 성과측정
   수량 집계당 $__________
   표준화된 척도에서 _______의 점수를 얻은 클라이언트 당 $________
   직무척도의 수준에서 ______ 의 클라이언트가 성취한 점수 당 $_______
   클라이언트 만족도의 예정된 성취수준 (예를 들어 85%) 당 $________

1994). 계약자는 일반적으로 인가된 예산과 일치하는 선에서 제공된 서비스 양이나 질, 효과와는 상관없이 그들이 소비한 비용을 상환 받는다. 일단 계약자가 성과측정에 익숙해지게 되면 비용상환 계약이 계속되어야 할 이유는 없다. 대신에 계약자에 대한 보상의 일부분 또는 전체는 특별한 성과 측정을 성취하는 것과 직접적으로 연결 될 수 있다. 계약자는 성과에 대해 지불 받고, 단지 제공하기만 한 서비스에 대해서는 지불 받지 않는다. [표 11.4]는 어떻게 서비스 계약에 있어서 지불부분 방법과 보상을 성과계약에 변환하여 재구성할 수 있는지 압축하여 잘 설명하고 있다.

메인 주는 성과계약 규정을 만들기 위해 이미 작업을 진행했다. 1994년에 메인 주의회는 휴먼서비스, 정신건강과 징신지체, 약물남용과 관련된 기관들이 성과계약에 단계적으로 투입될 것을 요구하는 법을 통과시켰다. 1998년 7월 이후 이 세 종류의 기관에서 시작된 계약 모두는 성과에 기초하게 되었다(Cahill & Costello, undated, p. 1).

4. 성과측정은 실제로 차이를 만드는가?

성과측정에 대한 보다 신랄한 검사는 유용성과 비용 모두에 대한 사정이다. 성과측정은 과연 휴먼서비스의 효율성과 품질, 효과성을 개선하는 데 진정 기여하는 점이 있는가? 그것에 따른 비용은 과연 어느 정도의 유용성을 갖는가? 비록 이 분야에 대한 경험적인 연구가 매우 제한적이지만, 얼마 안되는 문헌 연구결과는 성과측정이 프로그램 시행방법에 있어서 '긍정적인 풍조'를 만들어 내고 있다고 제안하고 있다. 예를 들어,

- 플로리다의 보건재활서비스국의 상위 또는 중간 수준 프로그램 관리자 중 80% 이상이 성과측정이 프로그램을 실시하는데 있어 대단히 중요하거나 약간 중요하다고 말했고, 이에 반해 68%는 성과측정이 비용에 비해 크게 유익하다고 말했다(FHRS, 1986, p. 7).
- 미네소타에서 정신질환, 그리고 약물에 의존하는 클라이언트들과 함께 일하는 휴먼서비스 기관은 성과측정을 '가치있는 노력'으로 평가했다(Kuechler et al., 1988, p. 82).
- 포틀랜드시의 프로그램 관리자는 SEA 보고를 포함했다. 오레곤주에서는 성과측정을 사용하는 것이 더 많은 수요를 창출하고 보다 유용한 프로그램 정보, 특히 경고사항을 명확히 하는 데 사용될 수 있는 정보를 제공한다는 것을 발견했다(Tracy & Jean, 1993).

5. 결론

의심의 여지없이 휴먼서비스 프로그램의 미래 지속가능성과 성장, 발전,
또는 종결은 성과측정을 활용하고 성과측정 자료를 만들어 내느냐에 달려
있다고 할 수 있다. 이 책에서 설명하고 있는 틀과 개념들이 휴먼서비스 프
로그램의 견고하고 유용한 성과측정 체계를 창출하는데 긍정적인 공헌이
될 수 있기를 간절히 바란다.

부 **A** 록

새롭게 시작한 입소치료센터에 관한 사례연구

본 장에서 언급하게 될 입소치료센터(New Beginning Residential Treatment Center : NBRTC)는 이 책 전반에서 다루었던 성과측정 개념을 묘사한 사례연구이다. 이 사례연구에는 연간 성과측정 보고를 완성하는 연습과정도 포함되어 있다.

휴먼서비스 프로그램 NBRTC

NBRTC는 여섯 살 이상 열여덟 살 이하의 소년들을 위한 입소치료센터로, 세 개의 프로그램으로 구성되어 있다. 시설보호, 상담, 그리고 교육이다.

NBRTC는 한번에 최대 20여명의 소년들을 보호할 수 있다. 효율적이고 높은 질의 효과적인 서비스를 제공하기 위해서, NBRTC에서는 빈 방이 하나라도 생기게 되면 언제든지 즉각 이 서비스를 필요로 하는 소년을 위해 제공된다. 이 센터에서 머물게 되는 평균 기간은 약 2년이다.

시설보호

시설보호 프로그램은 쉼터와 음식, 의복을 제공하는 것, 그리고 교육과 상담을 제외한 일상의 삶 속에서 발생할 수 있는 모든 활동에 대해 지도감독하는 것을 포함한다. NBRTC의 거주소년들은 5개의 작은 별채에서 살게 되는데, 하나의 별채에는 4명의 소년들이 생활한다. 시설보호 프로그램은 일 주일 중 7일 모두, 그리고 24시간 내내 이루어진다.

상담

상담 프로그램은 거주 소년들에게 개별적이고 집단적인 치료를 제공한다. 소년들은 일주일에 1회 개별상담에 참여해야 한다. 개별상담은 약 45분에서 1시간 30분 정도의 시간이 소요된다. 또한 소년들은 집단상담에도 참여하게 되는데, 각 집단은 5명으로 구성되며 일주일에 3회 이루어진다. 각 집단과정(상담)은 1시간 30분에서 약 2시간 동안 진행된다.

교육

교육 프로그램은 소년들에게 초등교육에서 고등학교 수준의 교육까지 제공한다.

성과측정의 활용

NBRTC의 주요 자금 제공처(사회서비스국, 청소년교정국, 교육국 등)들은 연간 성과측정 자료를 수집하고 보고할 것을 요구해왔다. 이것은 SEA

[표 A.1] 연간 성과측정 보고

	시설보호	상 담	교 육
I. 투입			
a. 예산(달러 $)	___	___	___
b. 인력(상근직원 : FTE)	___	___	___
II. 산출			
a. 중간산출(서비스 단위)	___	___	___
b. 최종산출(서비스 완수)	___	___	___
III. 품질			
a. 품질 범주에서의 산출(수 또는 백분율)	___	___	___
IV. 결과			
a. 최종결과 : 수량집계	[ ]		
V. 비용 효율성 비율			
a. 중간산출당 비용	___	___	___
b. 상근직원(FTE)당 중간산출	___	___	___
c. 최종산출당 비용	___	___	___
d. 상근직원(FTE)당 최종산출	___	___	___
VI. 비용효과 비율			
a. 최종결과당 비용	[ ]		
b. 상근직원(FTE)당 중간결과	[ ]		

보고를 모델로 하여 공통적으로 사용하는 형식으로 이루어졌다. 보고의 형태는 [표 A.1]과 같다. 다음 몇 개의 연습과정을 통해 이 표의 빈칸을 채우게 될 것이다.

　NBRTC는 이전에는 성과측정을 포함하지 않아 왔다. 따라서 다양한 프로그램들이 산출과 질, 그리고 결과 성과측정을 명확히 해야 하고, 결과자료들을 수집하고, 종합하고, 보고하는 일련의 과정을 만들어야 한다. 이제부터 당신은 NBRTC의 지도자이다. 따라서 프로그램 행정가와 자원 제공자, 그리고 부모와 보호자, 거주 소년들, 그 외 프로그램의 이해관계자에게 자

문을 해주는 데 있어서, NBRTC의 세 개 프로그램이 활용하게 될 산출,
질, 결과 성과측정 유형이 무엇인지 결정해야 한다.

투입

연간 성과측정 보고에서 투입은 ① 총 프로그램 비용에서 각각의 휴먼서
비스 프로그램에 소비되는 예산, 그리고 ② 상근직원(FTE) 중 각각의 휴
먼서비스 프로그램에 투여되는 인력에 관한 자료를 얻기 위해 고안되었다.

NBRTC의 예산을 세우고 세 개 프로그램 각각에 대한 직접, 간접비용
을 할당하였다. NBRTC는 25명의 직원과 연간 총 $710,000의 예산으로
운영되고 있다.

- 시설보호 : 상근직원 17명, 예산 $325,000
- 상담 : 상근직원 4명(전일제 상담전문가 2명, 시간제 상담전문가 1명
  포함), 예산 $160,000
- 교육 : 상근직원 4명, 예산 $225,000

◁ 연습 1 ▷

[표 A.1]의 I부분 완성하기

세 개의 휴먼서비스 프로그램에 대한 연간 성과측정 보고 중 산출에서
항목 a, b.

산출 성과측정

산출 성과측정은 다음의 두 개의 영역으로 나누어진다.
① 중간산출 성과측정　　② 최종산출 성과측정

중간산출 성과측정

중간산출 성과측정(또는 서비스 단위)을 선택하는 데 있어서, NBRTC 각각의 세 개 프로그램을 위해, 시간, 상황, 물질 중 '최선'의 서비스 단위 하나만을 결정해야 한다. 시설보호 프로그램의 경우, 이 세 종류의 서비스 단위 모두 잠재적으로 유용하다. 예를 들어, 시간을 단위로 할 경우 여기에는 시간, 일, 주, 월, 년 등의 단위를 사용할 수 있다. 상황 단위를 적용할 경우, 이는 NBRTC에 하루 머무는 것이 될 것이다. 물질을 단위로 하면 음식, 의복, 쉼터가 포함된다. 상담 프로그램과 교육 프로그램은 아마도 시간 단위와 상황 단위로 제한되는데, 물질단위는 적용하는데 적당하지 않기 때문이다.

각 프로그램에 대한 중간산출 성과측정(서비스 단위)을 정의했다면, 이제는 지난 1년 동안 각 프로그램마다 얼마나 많은 양의 중간산출이 일어났는지 알아야 한다. 실제로 이 프로그램을 운영 한 것이 아니기 때문에(단지 성과측정을 보다 확실하게 이해하기 위한 사례연구이기 때문에), 여기에서는 자료를 추정해야 한다. 따라서 간단하게 각각의 프로그램에서 달성할 수 있는 최대 능력을 기준으로 중간산출(서비스 단위) 총량을 산정하였다. 각 프로그램의 최대 중간산출 양은 다음과 같다.

1. NBRTC는 한번에 최대 20명까지 보호할 수 있다.

2. 시설보호 프로그램은 1년 365일 내내 이루어진다.

3. 상담 프로그램은 2.5명의 상담가가 있다. 1명의 상담가는 1주일에 10회의 개별상담과 6회의 집단상담을 진행할 수 있다.

4. 교육 프로그램은 1년에 180일 진행한다.

◁ 연습 2 ▷

세 개 프로그램에 대한 중간산출 성과측정(서비스 단위)를 선택했다. 그리고 1년을 단위로 각 프로그램에서 최대로 얻을 수 있는 중간산출 양을 추정해 보았다. 이제는 [표 A.1]의 II부분을 완성해 보자. II부분의 항목 a는 세 개의 휴먼서비스 프로그램의 연간 성과측정 보고에 관한 것이다.

최종산출 성과측정

여기에서의 주요 과제는 NBRTC에서 운영하고 있는 세 개의 휴먼서비스 프로그램에서 무엇이 각각의 서비스 완수(치료를 완료하거나 또는 완전하게 서비스를 받았음을 영수하는 것)를 결정짓는가에 관한 것이다. 따라서 NBRTC의 거주소년들이 서비스를 완수했다는 것에 대해 정의내릴 필요가 있다. 시설보호의 경우 유용한 방법은 특별히 정한 기간(예를 들어 3개월, 6개월, 또는 1년)으로 서비스 완수를 정의하는 것이다. 상담 프로그램에서도 똑같이 특별한 기간을 설정하거나, 또는 각 소년들이 완수해야 하는 최소한의 개별/집단 상담 횟수를 정할 수도 있다. 교육 프로그램은 하나의 상황으로 서비스 완수를 정의할 수 있다(예를 들어 한 학기, 1년의 학교생활 등).

세 개 프로그램에 대한 최종산출 성과측정(서비스 완수)을 정의 내렸으면, 이제는 지난 1년 동안 각 프로그램에서 서비스 완수 양을 추정할 필요가 있다. 마찬가지로 여기에서도 이 프로그램을 실제로 운영한 것이 아니기 때문에, 자료는 단지 추정할 것이다. 각 프로그램의 서비스 완수 점수는 다음과 같다.

1. NBRTC는 한번에 최대 20명까지 보호할 수 있다.
2. 세 개 프로그램이 모두 완벽할 수는 없다. 다소의 실수가 있을 것이다. 이러한 점을 감안할 때, 1년 동안 제공될 수 있는 각 프로그램의 최대 최종산출(서비스 완수)을 계산하고, 그것의 90%를 고려해 본다.

◁ 연습 3 ▷

II의 항목 b 완성하기

품질 성과측정

품질 성과측정은 두 개의 유형으로 나뉜다. ① 품질 범주에서의 산출, 그리고 ② 클라이언트 만족도이다. NBRTC의 지도자 입장에서 여기에서는 품질 범주에서의 산출을 선택해야 할 것이다. 또 다른 유형, 즉 클라이언트 만족도는 자신들의 의지와 상관없이 치료를 받기 위해 거주하고 있는 클라이언트(거주 소년들)라는 점을 고려할 때 타당성 측면에서 적당하지 않을 것이다. 품질 범주에서의 산출 접근방법을 채택했다면, 다음의 단계를 따라야 한다.

□ 1단계

품질 범주 선택하기

신뢰성과 적응성 선택하기

□ 2단계

품질 범주를 개별적인 휴먼서비스 프로그램 특성과 연관시키기

아래의 방식대로 NBRTC의 세 개 프로그램과 품질 범주의 신뢰성과 적

응성 관련짓기

	일 관 성	적 응 성
시설보호	지정한 활동을 하거나 또는 하지 않거나 등에 대한 신뢰성 있는 치료	지정한 활동 외의 요구사항에 대해 1시간 이내에 조치를 취하는 것
상담	지정된 상담가가 상담과정을 진행하는 것	상담을 정해진 시간에 바로 시작하는 것(약속 시간 10분 이내)
교육	수용할 수 있는 또는 수용할 수 없는 성과에 대한 신뢰성 있는 치료	모든 반이 일정에 따라 진행되는 것

□ 3단계

품질 범주와 중간산출 성과측정을 결합시키기

품질 범주를 결합하는 방법은 다음과 같다

	신뢰성	적응성
시설보호	일관된 치료를 받는 소년 한 명	기대한 바가 적시에 해결된 소년 한 명
상담	기록되어 있는 상담가가 진행한 상담 1회	제 시간에 시작한 상담 1회
교육	일관된 치료로 진행된 수업 1일	모든 과목이 계획된 것을 잘 충족하고 있는 수업 1일

이제 지난 1년 동안 세 개의 휴먼서비스 프로그램에서 제공한 품질 범주에서의 산출 양을 추정할 필요가 있다. 각 프로그램의 품질 범주에의 산출 양을 추정하는 데 다음과 같은 점을 고려해야 한다.

1. 세 개의 프로그램 모두 100%의 질적인 성과를 달성했다면, 각 프로그램에서 얻은 품질 범주에서의 산출 양은 각 프로그램의 중간산출(서비스 단위)의 양과 동일할 것이다.
2. 세 개 프로그램이 완벽하다는 것을 기대할 수는 없다. 다소 실수의 여지는 있기 마련이다. 따라서 이러한 점을 감안할 때, 각 프로그램의 중간산출 비율의 90%에서 품질 범주에서의 산출 양을 계산할 수 있을 것이다.

◁ 연습 4 ▷

지난 1년 동안 성취된 각 휴먼서비스 프로그램의 품질 범주에서의 산출 양을 추정해 보자. 상기할 것은 이 숫자가 각 프로그램의 중간산출(서비스 단위)의 90%라는 점이다. III의 항목 b를 완성해 보자.

결과

요구된 연간 성과측정 보고가 중간결과와 최종결과로 구분하지 않았기 때문에, 최종결과만을 보고하기로 한다. 다행히, 세 개의 프로그램 모두 최종결과 성과측정으로 일반적으로 사용하는 수량계산을 선택하기로 결정하였다. NBRTC는 실제로 복합적인 문제를 갖고 있는 소년들을 대상으로 하는 서비스 프로그램으로, 비록 각 프로그램이 클라이언트가 입소시설에 있을 때에 특별히 초점을 두고 이루어지긴 하지만, 세 개 프로그램 모두 퇴소 이후의 적응과 관련된 공통의 최종 목적을 갖는다.

1년 동안 최종결과로 NBRTC의 숫자를 추정하는 데 고려해야 할 점은 다음과 같다.

1. 평균적으로 매 년 NBRTC는 10명의 소년을 퇴소시킨다.
2. NBRTC에서 제공된 입소치료 경험이 100% 완전히 긍정적인 결과를 얻게 된다고는 기대할 수 없다. 따라서 1년 동안 NBRTC에서 제공한 최종결과 총 양에서 80%를 계산한다고 고려해야 한다.

◁ 연습 5 ▷

세 개의 프로그램의 최종결과 성과측정 유형으로 수량계산을 선택했다. 수량계산은 퇴소 후 생활에 전반적으로 적응한다는 개념을 반영해야 한다. NBRTC에서 운영하고 있는 세 개의 휴먼서비스 프로그램이 지난 해 동안 성취한 최종결과를 추정해 보자. 마지막으로 IV부분을 완성해 보자. 주의할 것은 세 개 프로그램 모두 최종결과 성과측정으로 복합적인 수량계산을 사용하고 있다는 점이다.

비용효율과 비용효과 비율

연간 성과측정 보고를 완성하는 마지막 단계는 비용효율과 비용효과 비율을 계산하는 것이다. 우선, I과 II 부분을 참고하면서 산출당 비용과 상근직원 당 산출을 계산해볼 필요가 있다. 그리고 난 후, 두 번째로 I과 IV-a를 참고하면서 최종결과당 비용과 상근직원 당 최종결과를 계산한다. 하나의 공통된 최종결과 성과측정을 사용하기로 결정하였기 때문에, 세 개 프로그램에 소요된 총 예산(프로그램 총 비용)과 총 인력(상근직원)을 합산해야할 것이다.

◁ 연습 6 ▷

[표 A.1]의 V 부분 완성하기

세 개의 휴먼서비스 프로그램의 연간 성과측정 보고에서 비용효율 비율

◁ 연습 7 ▷

[표 A.1]의 VI 부분 완성하기

세 개 프로그램의 연간 성과측정 보고에서의 비용효과 비율

기억할 점은 최종성과 결과측정으로 복합적인 수량계산을 사용하고 있다는 것이다.

부 **B** 록

입소치료센터 사례연구
연습문제 대한 해답

부록 A에서 성과측정에 대해 연습 해보았다면, 이제는 각 연습에 대한 해답을 제시할 것이다. 먼저, 연습문제에 대해 또는 연습문제를 숙고하는 유용한 틀에 대해 이해하지 못한다고 가정하고 그에 대한 답을 제시할 것이다. 따라서 다음의 몇 가지 예에서(즉, 중간·최종산출, 최종결과, 그리고 비용효율과 비용효과 비율 등) 제시된 해답이 유일한 정답만은 아니라는 사실을 고려해야 한다.

◁ 연습 1 ▷

1. I 부분의 항목 a, b 완성하기

세 가지의 휴먼서비스 프로그램에 대한 연간 성과측정 보고에서의 투입부분

	시설보호	상 담	교 육
a. 물적지원 (재원)	$325,000	$160,000	$225,000
b. 인적자원 (상근직원)	17	4	4

◁ 연습 2 ▷

1. 세 개의 휴먼서비스 프로그램에 대한 중간산출 성과측정 선택하기
2. 지난 1년 동안 제공된 각 프로그램의 중간산출 최대 양 추정하기
3. II부분의 a항목 완성하기 : 세 가지의 휴먼서비스 프로그램에 대한 연
   간 성과측정 보고에서의 산출부분

시설보호

시설보호 프로그램에서, 가장 유용한 중간산출(서비스 단위)은 아마도 하루동안 보호를 받는 한 명의 소년이 될 것이다. 이는 하루 24시간 동안 NBRTC의 보호를 받는 한 명의 입소 소년으로 정의할 수 있다. NBRTC는 한번에 입소할 수 있는 최대 인원이 20명이기 때문, 지난 1년 동안 프로그램에서 제공한 중간산출(서비스 단위)의 최대 양은 7,300이다(입소 소년 20명 × 365일)

상담

개별상담은 45분에서 1시간 30분 정도가 소요된다. 이에 반해 집단상담은 1시간 30분에서 2시간 정도 진행된다. 센터에서 생활하는 소년들은 각자 일주일에 1회 개별상담과 3회의 집단상담에 참여하게 된다. 상담 프로그

램은 다음의 서비스 단위를 활용하여 중간산출을 정의할 수 있을 것이다.
① 초과된 시간 양(한번의 상담시간에 한하여 약 15분 정도 초과하는 것이
가능), 그리고 ② 1회상담으로 정의되는 상황 단위이다. 시간 단위를 사용
하는 것이 최선이라는 이유는 없다. 아마도 상황 단위를 사용하는 것을 더
선호할 수도 있다.

상담 프로그램은 두 명의 전일제 상담원과 한 명의 시간제 상담원이 진
행한다. 한 명의 전담 상담원은 일주일에 10회의 개별상담과 6회의 집단상
담을 실시한다. 따라서 일주일에 총 16회의 상담을 하게된다. 결과적으로
지난 1년 동안 제공된 상담 프로그램의 중간산출(서비스 단위) 최대 양은
2,080이다(상담자 2.5명 × 1주일 당 16회 × 52주).

교육

교육 프로그램은 학교를 다니는 한 명의 소년을 말한다. 이는 최소한 한
번 출석에서 4시간을 유지한 1명의 청소년으로 정의될 수 있다. 이것이 바
로 중간산출(서비스 단위)이다. NBRTC의 최대 입소가능 수는 한번에 20
명까지이고 교육 프로그램은 180일 이루어지기 때문에, 지난 1년 동안 제
공된 교육 프로그램의 중간산출 최대 양은 3,600이다(20명의 청소년 ×
180일).

◁ 연습 3 ▷

1. 세 개의 휴먼서비스 프로그램 각각에 대한 최종산출 성과측정을 정의
   한다.

2. 지난 1년 동안 제공된 각 프로그램의 최종산출(서비스 완수) 양을 추
   정한다.
3. III 부분의 항목 b를 완성한다 : 세 개의 휴먼서비스 프로그램의 연간
   성과측정 보고에서의 산출 부분.

시설보호

시설보호 프로그램에서 최종산출(서비스 완수)은 각 분기마다(3개월을
단위로) 최소한 75명의 소년이 시설보호 서비스를 완수했음을 의미하는 것
으로, 이는 할당된 활동의 최소 80%선에서 참여한 경우에 대해서이다. 이
러한 접근방법은 다음과 같은 면에서 이점이 있다. ① 각 소년들이 보호를
받아야만 하는 최소한의 일 수를 추정하는 것 ② 각 소년들이 성취해야만
하는 할당된 활동 중 최소한의 것(비율)을 명확히 하는 것, 그리고 ③ 최종
산출 또는 서비스 완수를 계산할 목적으로 사용하는 합리적인 시간단위(3
개월)를 설계하는 것에 도움을 준다. NBRTC의 최대 입소규모는 한번에
20명이기 때문에, 시설보호 프로그램이 지난 1년 동안 제공한 최종산출(서
비스 완수) 최대 양은 80이다(입소청소년 20명 × 4분기). 이렇듯 최종산출
(서비스 완수) 양이 80이 되는 것은 이론적으로는 가능하다. 그러나 실제로
는 완벽하게 프로그램을 수행할 수 없기 때문에, 최대 양을 산출한 후 실제
적으로 1년 동안 서비스 완수 양을 추정할 목적으로, 90%라는 비율을 사용
하여 다시 72라는 최종산출(서비스 완수)을 얻게된다(80 × 0.9).

상담

상담 프로그램에서 최종산출(서비스 완수)은 1명의 거주 청소년이 1분기
동안(예를 들어 3개월의 기간동안) 요구되는 개별, 집단치료 중 최소 80%

참여했음을 의미한다. NBRTC의 수용능력은 한번에 최대 20명이기 때문에, 1년 동안의 상담 프로그램에서 제공한 최종산출(서비스 완수) 최대 양은 다시 80이 된다(거주 청소년 20명 × 4분기). 이렇듯 최종산출(서비스 완수) 양이 80이 되는 것은 이론적으로 가능하다. 그런 후 실제적으로 1년 동안 서비스 완수 양을 추정할 목적으로, 90%라는 비율을 사용하여 다시 72라는 최종산출(서비스 완수)을 얻게된다(80 × 0.9).

교육

교육 프로그램에서 최종산출(서비스 완수)은 1명의 청소년이 한 학기 동안 요구되는 모든 과정을 마쳤다는 것으로 정의된다. 이러한 접근방법은 아마도 단지 출석률을 기초로 하는 최종산출 보다는 더 유용할 것이다. 왜냐하면 어떤 학생은 단지 출석만 하고 과정을 완수하지 못하는 반면, 또 다른 학생은 100% 출석률을 갖지는 못하지만 요구된 과정을 완수할 수 있기 때문이다. 각 과목(주제)과 연관된 교과과정이 있다고 가정한다면, 각 과정에서 요구하는 것을 완수하고 있는 1명의 소년이 바로 교육 프로그램에서의 최종산출(서비스 완수)이 되는 것이다. NBRTC의 최대 수용능력은 한번에 20명이기 때문에, 1년 동안 교육 프로그램에서 제공한 최종산출(서비스 완수) 최대 양은 40이다(거주 청소년 20명 × 2학기). 90%라는 비율을 다시 사용하게 되면 36이라는 최종산출이 나오게 된다(40 × 0.9).

◁ 연습 4 ▷

1. 세 개의 휴먼서비스 프로그램 각각에서 지난 1년 동안 성취된 품질 범

주에서의 산출 양을 추정한다.

2. III부분의 b항목을 완성한다.

시설보호

시설보호 프로그램에서 품질 범주의 산출은 다음과 같이 정의 내릴 수
있다. ① 일관된 치료를 받은 1명의 청소년 ② 적시에 해결된 1명의 청소년
시설 프로그램에서 제공할 수 있는 품질 범주에서의 산출 최대 양은 그 프
로그램에서 제공할 수 있는 중간산출(서비스 완수) 최대 양과 같다(7,300).
계속해서 90%의 비율을 적용한다면 시설보호 프로그램의 품질 범주에서의
산출은 6,570이다(7,300 × 0.9)

상담

상담 프로그램에서의 품질 범주에서의 산출은 다음과 같이 정의 내릴 수
있다. ① 1회의 상담 기록 ② 제 시간에 시작된 상담 1회. 따라서 상담 프로
그램에서 제공할 수 있는 품질 범주에서의 산출 최대 양은 그 프로그램에서
제공할 수 있는 중간산출(서비스 완수) 최대 양과 같이 2,080이다. 같은 맥
락에서 90% 비율을 적용하면, 지난 1년 동안 상담 프로그램에서 제공한 품
질 차원에서의 산출 최대 양은 1,872이다(2,080 × 0.9).

교육

교육 프로그램에서의 품질 범주에서의 산출은 ① 일관된 치료내용을 갖
고 있는 학교 출석 1일, 그리고 ② 모든 교시를 정시에 시작한 1일 학교 출
석일 수로 정의될 수 있다. 따라서 품질 범주에서의 산출 최대 양은 이 프
로그램에서 제공할 수 있는 중간산출(서비스 완수) 최대 양과 같이 3,500이

다. 여기에 똑같이 90%을 적용하면, 지난 1년 동안 제공된 교육 프로그램
의 품질 범주에서의 산출 최대 양은 3,240이다(3,600 × 0.9).

◁ 연습 5 ▷

1. 세 개의 휴먼서비스 프로그램의 복합적인 결과 성과측정으로 수량계산
   을 개발한다.
2. 지난 1년 동안 본 서비스에서 성취된 최종결과 수를 추정한다.
3. IV부분의 항목 a를 완성한다.

합산의 의미

아래의 다양한 범주들에 대해 클라이언트의 기능을 측정하는 LOF 척도
를 개발할 것을 제안한다.

- 가족간의 관계
- 사회 적응
- 정서적인 안정
- 교육 능력
- 기타

각각의 LOF 척도는 가장 낮은 수준의 1점에서 가장 높은 정도의 5점까
지로 구성한다. NBRTC를 퇴소한 지 6개월 이후에 LOF 척도 모두에서 3
점 혹은 그 이상의 점수를 받은 클라이언트는 성공적으로 적응한 것으로 간

주한다. 그리고 이것이 최종결과가 된다.

평균 매년 10명의 소년들이 NBRTC를 퇴소하고, 평균적으로 80%의 성공률을 갖는다고 가정해 보자. 따라서 지난 1년 동안 8명의 소년(10명 × 0.8)이 성공했고, 따라서 최종결과는 8이 된다.

<h2 style="text-align:center">◁ 연습 6 ▷</h2>

1. V부분, 즉 비용효과 비율 부분을 완성한다.

시설보호

시설보호 프로그램에서 중간산출당 비용(V-a)은 프로그램에 투자된 총 비용 $325,000을 프로그램에서 제공한 중간산출 총 양(7,300)으로 나누면 된다. 답은 $44.52이다.

상근직원당 중간산출 양(V-b)은 프로그램에서 제공한 중간산출(7,300)을 그 프로그램에 종사하고 있는 상근직원의 수(17)로 나누면 된다. 답은 429.4이다.

최종산출당 비용(V-c)은 총 비용($325,000)을 프로그램에서 제공한 최종산출 양(72)으로 나누면 된다. 답은 $4,514이다. 상근직원당 비용(V-d)은 프로그램에서 제공한 최종산출 양(72)을 그 프로그램에 투여된 상근직원 수(17)로 나누면 된다. 답은 4.24이다.

상담

상담 프로그램에서 중간산출당 비용(V-a)은 총 비용($160,000)을 프로그램에서 제공한 중간산출(2,080)로 나누면 된다. 답은 $76.92이다.

상근직원당 중간산출 수(V-b)는 중간산출 총 양(2,080)을 그 프로그램
에 투여된 상근직원의 수(4)로 나누면 된다. 답은 520이다

최종산출당 비용(V-c)은 총 비용($160,000)을 그 프로그램에서 제공한
최종사출 양(72)으로 나누면 된다. 답은 $2,222이다.

상근직원당 최종산출(V-d)은 최종산출 총 양(72)을 프로그램에 투여된
상근직원의 수(4)로 나누면 된다. 답은 18이다.

교육

교육 프로그램에서 중간산출당 비용(V-a)은 교육 프로그램에 투자된 총
비용, 즉 $225,000를 그 프로그램에서 제공한 중간산출 양(3,600)으로 나
누면 된다. 답은 $62.50이다.

상근직원당 중간산출 양(V-b)은 중간산출 총 양(3,600)을 상근직원 수
(4)로 나누면 된다. 답은 900이다.

최종산출당 비용(V-c)은 총 비용($225,000)을 최종상출 총 양(36)으로
나누면 된다. 답은 $6,250이다.

상근직원당 최종산출(V-d)은 최종산출 총 양(36)을 상근직원 수(4)로
나누면 된다. 답은 9이다.

◁ 연습 7 ▷

1. VI부분, 즉 비용효율 비율 부분을 완성한다. 주의할 것은 세 개의 휴
    먼서비스 프로그램 모두의 최종결과 성과를 측정하는 데 복합적인 수
    량계산을 사용하고 있다는 점이다.

[표 B.1] 연간 성과측정 보고

	시설보호	상 담	교 육
I. 투입			
a. 예산 (달러 $)	$325,000	$160,000	$225,000
b. 인력 (상근직원 : FTE)	17	4	4
II. 산출			
a. 중간산출 (서비스 단위)	7,300	2,080	3,600
b. 최종산출 (서비스 완수)	72	72	72
III. 품질			
a. 품질 범주에서의 산출	6,570	1,872	3,240
IV. 결과			
a. 최종결과 : 수량집계	[	8	]
V. 비용 효율성 비율			
a. 중간산출당 비용	$44.52	$76.92	$62.5
b. 상근직원(FTE)당 중간산출	429	520	900
c. 최종산출당 비용	$4,514	$2,222	$6,250
d. 상근직원(FTE)당 최종산출	4	18	9
VI. 비용효과 비율			
a. 최종결과당 비용	[	$88,750	]
b. 상근직원(FTE)당 중간결과	[	0.32	]

합산의 의미

최종결과당 비용(VI-A)은 NBTRC에서 제공하고 있는 세 개 프로그램에 투자된 총 비용($710,000)을 세 개 프로그램 모두의 합산된 최종결과 총 양(8)으로 나누면 된다. 답은 $88,750이다.

상근직원당 최종결과(V-B)는 세 개 프로그램의 합산된 최종결과(8)를 세 개 프로그램에 투입된 상근직원 총 수(25)로 나누면 된다. 답은 0.32이다.

NBTRC의 연간 성과측정 보고가 바로 [표 B.1]이다.

참고문헌

Ables, P., & Murphy, M. (1981). *Administration in the human services*. Englewood Cliffs, NJ: Prentice Hall.

Anthony, R., & Young, D. (1994). *Management control in non-profit organizations* (5th ed.). Burr Ridge, IL: Irwin.

Arizona Department of Economic Security (ADES). (1988). *Arizona taxonomy of human services*. Phoenix: Author.

Austin, M., Blum, S., & Murtaza, N.(1995). Local-state government relations and the development of public sector managed mental health care systems. *Administration and Policy in Mental Health, 22*, 203-215.

Babbie, E. (1992). *The Practice of social research* (6th ed.). Belmont, CA: Wadsworth.

Benveniste, G. (1994). *The twenty-first century organization*. San Francisco: Jossey-Bass.

Boschken, H. (1994). Organizational performance and multiple constituencies. *Public Administration Review, 54*, 308-312.

Bowers, G., & Bowers, M. (1976). *The elusive unit of service*. Washington, DC: Project SHARE, Office of Secretary, U. S. Department of Health, Education, and Welfare.

Brinkerhoff, R., & Dressler, D. (1990). *Productivity measurement: A guide for managers and evaluators.* Newbury Park, CA: Sage

Cahill, A., & Costello, K. (n. d.). *Implementing outcomes-base performance contracting in Maine: An introduction for social service providers* [Monograph] . Orono: University of Maine, Department of Public Administration

Carpenter, V., Ruchala, L., & Waller, J.(1991). *Service efforts and accomplishments reporting: Its time has come: Public health,* Norwalk, CT: Governmental Accounting Standards Board.

Carter, R. (1983). *The accountable agency.* Beverly Hills, CA: Sage.

Churchman, C. (1968). *The systems approach.* New York: Dell

City of Phoenix, Arizona, (1992). *Human services department performance indicators.* Phoenix: City Auditor Department.

Connors, K. (1991). The gathering storm: Welfare in depressed economy. *Public Welfare,* 49, 4-15.

Cornelius, D. (1994). Managed care and social work: Constructing a context and a response. *Social Work in Health Care,* 20, 47-63.

Craymer, D., & Hawkins, A. (1993). *Texas tomorrow: Strategic planning and performance budgeting.* Austin, TX: Governor's Office of Budget and Planning/Legislative Budget Office.

Cornbach, L. (1982). *Designing evaluations of educational and social programs.* San Francisco: Jossey-Bass.

Crosby, P. (1980). *Quality is free.* New York: Mentor Books

Crosby, P. (1985). *Quality without tears: The art of hassle-free management.* New York: Plume.

Delbeck, A., Van de Ven, A., & Gustafson, D. (1975). *Group techniques for program planning.* Glenview, IL: Scott, Foresman

Deming, W. (1986). *One of the crisis.* Cambridge: MIT Center for Advanced Engineering Study.

Drucker, M., & Robinson, B. (1993). Sates' responses to budget shortfalls: Cutback management techniques. In T. Lynch & Martin (Eds.). *Handbook of comparative public budgeting and financial management* (pp. 189-204). New York: Marcel Dekker.

Else, J., Groze, V., Hornby, H., Mirr, R., & Wheclock, J. (1992). Performance based contracting: The case of residential treatment, *Child Welfare*, 71, 513-525.

England, M., & Goff, V. (1993). Health reform and organized system of care. In W. Goldman & S. Fieldman (Eds.), Managed mental health care (pp. 5-12). San Francisco: Jossey-Bass.

Epstein, I., & Tripodi, T. (1977). *Research techniques for program planning, monitoring, and evaluation.* New York: Columbia University Press.

Epstein, P. (1992). Get ready: The time for performance measurement in finally coming! *Public Administration Review*, 52, 513-519.

Federal Accounting Standards Advisory Board(FASAB). (1994) *Managerial cost accounting standards for the federal government: Statement recommended accounting standards, exposure draft.* Washington, DC: Author.

Federal Office of Management and Budget (FOMB). (1995). *Budget of the United States government.* Washington, DC: Government Printing Office.

Feigenbaum, A. (1983). *Total quality control* (3rd ed.). New York: McGraw-Hill.

Fillenbaum, G.(1985). Screening the elderly: A brief instrument activities of daily living measure. *Journal of the American Geriatrics Society*, 33, 698-706.

Florida Department of Health and Rehabilitative Services (FHRS). (1986). *Assessment of the outcome measure pilot.* Tallahassee: Author.

Florida Department of Health and Rehabilitative Services (FHRS). (1995). *Performance based p;anning and budgeting*. Tallahassee: Author.

Fountain, J., & Robb, M. (1994). Services efforts and accomplishments measures. *Public Management, 76,* 6-12.

Franklin, C. (1982). *Gottman couples communication rating scale.* Monograph.

Gore, A. (1993). *Creating a government that works better and costs less: Report of the national performance review.* Washington, DC: Government Printing Office.

Governmental Accounting Standards Board (GASB). (1993). *Proposed statement of the Government Accounting Standards Board on concepts related to service efforts and accomplishments reporting.* Norwalk, CT: Author.

Governmental Accounting Standards Board (GASB). (1994). *Concepts statement of the Governmental Accounting Standards Board on concepts related to service efforts and accomplishments reporting.* Norwalk, CT: Author.

Government Performance and Results Act, Pub. L. No. 103-62 (1993).

Hatry, H., Foundation, J., Sullivan, J., & Kremer, L. (1990). *Service efforts and accomplishments reporting: Its time has come: An overview.* Norwalk, CT: Governmental Accounting Standards Board.

Hatry, H., & Wholey, J. (Eds.). (1994). *Toward useful performance measurement: Lessons learned from initial pilot performance plans prepared under the Government Performance and Result Act.* Washington, DC: National Academy of Public Administration.

Hudson, W. (1990). *Multi-problem screening scales inventory.* Tempe, AZ: Walyr.

Hudson, W. (1992). *Walmyr assessment scales scoring manual.* Tempe,

AZ: Walyr.

Juran, J. (1988). *Juran's Quality control handbook* (4th ed.). New York: McGrew-Hill.

Juran, J. (1989). *Juran on leadership for quality : An executive handbook.* New York: Free Press.

Katz, S., Ford, A., & Moskowitz, R. (1963). Studies of illness in the aged: The index of ADL. *Journal of the American Medical Association,* 185, 914-919.

Kettner, P., & Martin, L. (1993). Performance, accountability and purchase of service contracting. *Administration in Social Work,* 17, 61-79.

Kettner, P., & Martin, L. (1994). Purchase of service at 20: Are we using it ewll? *Public Welfare,* Park, CA: Sage.

Kettner, P., & Martin, L. (1990). *Designing and managing program.* Newbury Park, CA: Sage.

Knapp, M., (1991). Efficiency, austerity, and economics. *Administration in Social Work,* 15, 45-63.

Kramer, R. (1994). Voluntary agencies and contact culture: Dream or nightmare? *Social Service Review,* 68, 33-60.

Kuechler, C., Velasquez, J., White, M. (1988). An assessment of human services program outcomes measure: Are they credible, feasible, useful? *Administration in Social Work,* 12, 71-89.

Labaw, P. (1980). *Advanced questionnaire design.* Cambridge, MA: Abt.

Leavitt, J., & Reid, W. (1981). Rapid assessment instrument for practice. *Social Work Research and Abstracts,* 17, 13-19.

Lynch, T. (1985). *Public budgeting in America* (2nd ed.). Englewood Cliffs, NJ: Prentice Hall.

Mahoney, F., & Barthel, D. (1965). Functional evaluation: The Barthel Index. *Rehabilitation,* 14, 61-65.

Martin, L. (1993). *Total quality management in human service organizations*. Newbury Park, CA: Sage.

Millar, R., & Millar A. (Eds.). (1981). *Developing client outcome monitoring systems*. Washington, DC: Urban Institute.

Miller, R. (1991). *Handbook of research designs and social measurement* (5th ed.). Newbury Park, Ca: Sage.

Multnomah County, Oregon, (1994). *Alcohol and drug treatment: Need for a managed system*. Portland: Multnomah County Auditor.

Netting, F., Kettner, P., & McMurtry, S. (1993). *Social work macro-practice*. White Plains, NY: Longman.

Nurius, P., & Hudson, W. (1993). *Human services: Practice, evaluation and computers*. Pacific Grove, CA: Brooks/Cole.

Osborn, D., & Gaebler, T. (1992). *Reinventing government*. Reading, MA: Addison-Wesley.

Plam Beach Country, Florida. (1994). *Program outcome measure*. West Plam Beach: Office of Management and Budget.

Patti, R. (1987). Managing for service effectiveness in social welfare: Toward a performance model. *Adminstration in social Work*, 11, 7-21.

Poertner, J., & Rapp, C. (1985). Purchase of service and accountability: Will they ever meet? *Adminstration in social Work*, 9, 57-66.

Poertner, J., & Rapp, C. (1987). Moving clients center stage though the use od client outcomes. *Adminstration in social Work*, 11, 23-38.

Power to the states. (1995, August 7). Business Week, pp.48-56.

Pruger, R., & Miller, L. (1991). Efficiency and the social services: Part A. *Adminstration in social Work*, 15, 5-24.

Papp, C., & Portner, J. (1992). *Social Adminstration: A client centered approach*. White Plains, NY: Longman.

Rocheleau, B. (1988). Linking services to program goals: Two different worlds of program evaluation, *Public Administration Quarterly*,

12, 92-114.

Rosenberg, M., & Brody, R. (1974). *Systems service people*. Cleveland, OH: Case Western Reserve School of Applied Social Sciences.

Rosenbloom, D. (1995). The context of management reform. *Public Manager*, 29, 3-6.

Rossi, P., & Freeman, H. (1993). Evaluation: A systematic approach. Newbury Park, CA: Sage.

Schainblatt, A. (1977). *Monitoring the outcomes of state mental health treatment programs: Some intial suggestions*. Washington, DC: Urban Institute.

Spendolini, M. (1992). *The benchmarking book*, New York: AMACON.

Starling G. (1993). *Managing the public sector*(4th ed.). Belmont, CA: Wadsworth.

Swiss, J. (1991). Public management systems. Englewood Cliffs, NJ: Prentice Hall.

Tatara, T. (1980). *A report of the national conference on client outcome monitoring procedures for social services*. Washington DC: American Public Welfare Association.

Tracy, R., & Jean, E. (1993). Measuring government performance: Experimenting with service efforts and accomplishments reporting in Portland, Oregon. *Government Finance Review*, 9, 11-14.

Urban Institute. (1980). *Performance measurement*. Washington, DC: Author.

Walters, J. (1994). The benchmarking craze. *Governing*, 7, 33-37.

Walters, J. (Ed.). (1995). *Building the American Community: What Works, What doesn't*. Washington, DC: National Academy of Public Administration

Wholey, J., & Hatry, H. (1992). The case for performance monitoring. *Public Administration Review*, 52, 604-610.

Wildavsky, A. (1974). *The politics of the budgetary process*. Boston: Little, Brown.

Zeithaml, V., Parasuraman, A., & Berry, L. (1990). *Delivering qualitry services*. New York: Free Press.

프로그램 성과평가

초판 발행 2001년 10월 17일
초판 2쇄 발행 2002년 2월 4일

글쓴이 / Martin · Kettner
옮긴이 / 정무성
펴낸곳 / 나눔의집
펴낸이 / 박정희

주   소 / 151-901 서울특별시 관악구 신림1동 1631-19 평희빌딩 2층
전   화 / 02-839-7845
팩   스 / 02-839-7846
www.Nanumpress.co.kr
Nanum@Mynanum.com

값 12,000원
ISBN 89-88662-22-9

이 책의 출간으로 정무성 교수가 받은 인세는
대한성공회 봉천동 나눔의집 의 어려운 이웃을 위해 사용됩니다.

● 잘못된 책은 바꿔 드립니다.

정무성 (鄭茂晟)

현재 가톨릭대학교 사회복지학과 교수로 재직하고 있으며, 사회복지행정과 지역사회복지, 프로그램 개발과 평가, 비영리기관 마케팅 등을 강의하고 있다. 미국 시카고대학교에서 사회복지행정 박사학위를 취득하였으며, 다수의 NGO 들과 사회복지기관들의 자문위원으로 봉사하고 있다. 또한 복지부의 사회복지 시설 평가사업에 참여하고 있으며, 공동모금회와 기업재단 등의 프로그램 공모 사업 심사위원으로도 활동하고 있다. 저서로는 「자원봉사의 효율적 관리」(공저, 1996), 「사회복지관 평가모형 개발」(공저, 1998) 등이 있으며, 역서로는 「사회복지 프로포절 작성법」(1998), 「사회복지 프로그램 기획과 관리」(1999), 「비영리기관의 모금」(2000) 등이 있다. 논문으로는 "사회복지기관의 후원자 개발을 위한 마케팅 전략"(1998) 외 다수가 있다.

Lawrence L. Martin

애리조나 주립대학에서 박사학위를 받았으며 콜럼비아 대학 사회사업대학원 의 사회행정과정 학장 및 부교수로 재직하고 있다. Martin은 사회복지 서비스 행정, 민영화, 서비스 구매 계약, 성과 측정, 예산관리 및 재정관리, 주와 지방 정부를 주제로 한 5종의 저서를 집필하였으며 60편 이상의 논문 및 연구를 수 행한 바 있다.

Peter M. Kettner

애리조나 주립대학의 사회복지학과 교수로 사회사업의 서비스 구매 계약, 민 영화, 거시 실천, 그리고 사회복지 서비스 기획 및 사회복지 행정 등을 주제로 6종의 연구서를 집필하였으며 50편 이상의 논문 및 연구를 수행한 바 있다. Kettner는 효과성에 기초한 기획 시스템의 설계 및 수행 분야에서 주와 지방 에 소재한 여러 사회복지 서비스 기관에 대한 자문을 담당하고 있다.